# 自己肯定感という呪縛

なぜ低いと不安になるのか

榎本博明

青春新書
INTELLIGENCE

自己肯定感という呪縛《じゅばく》

目次

序章 「自己肯定感」意識過剰社会になった日本



第1章 安易な「自己肯定感を高めないと」信仰の落とし穴

## 第3章 「自己肯定感が高くないと幸せになれない」という幻想

第4章

## 成功者・一流アスリートがもつ真の自己肯定感とは?



第5章

## 「真の自己肯定感」はこうして育《はぐく》まれる

DTP／エヌケイクルー

# 序章

# 「自己肯定感」意識過剰社会になった日本

## ◆巷に溢れる自己肯定感というマジックワード

自己肯定感という言葉を聞いたことのない人は、ほとんどいないのではないでしょうか。街の小さな書店でも、「自己肯定感」という言葉がタイトルに入っている本がいくつも並んでいます。大型書店に至っては、そのような本が本棚の何段をも占めています。

そのほとんどが、自己肯定感が低くて苦しんでいる人に対する処方箋であり、どうしたら自己肯定感を高めることができるかといった主旨のものです。

自己肯定感が低いといかに生きづらいかを説き、なんとかして自己肯定感を高めよう、あなたも自己肯定感を少し高めるだけでその生きづらさから脱することができる、そのためのノウハウを伝授するから、ぜひ試してみよう、といった感じです。

本人の問題としてではなく、子どもの問題として自己肯定感を扱う本も目立つようになってきました。自己肯定感の高い子どもにするにはどうしたらよいかといったテーマを扱う、親や保育・教育専門家向けの本です。

そのような巷に溢れる自己肯定感をテーマにした本では、自己肯定感を高めることが大事だというのが前提となっています。そして、どうしたら自己肯定感を高めることができるかを説きます。そうした前提を当たり前のこととして受け入れている人が多いから、その手の本がつぎつぎにつくられているのでしょう。

でも、自己肯定感というのは、意識して高めないといけないようなものなのでしょうか？　自己肯定感が低いといい人生を送れないものでしょうか？　私は、それは違うと思っています。詳しくは本文で説明しましょう。

いずれにしても、今や自己肯定感は、だれもが日常的に耳にする言葉になっていますが、十数年前には、自己肯定感などという言葉を聞いたことがある人は、ほとんどいなかったはずです。

私は自己についての心理学が専門であり、カウンセリングもしてきたため、長年、自尊感情（自己肯定感とほぼ同じような意味で使われる心理学用語）についての検討を行ってきましたが、２０００年代前半に私たちがいくつかの学会で行ったシンポジウムでも、自己肯定感という言葉は使っていません。自己肯定感の研究を専門にしている私の研究仲間が、２０００年代になってその測定法についての検討を行っていましたが、彼以外に自己肯定感という言葉を用いた人はいなかったように思います。

それがいつの間にか世間に広まり、幼稚園や学校でも子どもの自己肯定感を高めることが大切だということになり、そのためのノウハウが保育者や教員向けに説かれたりするようになりました。保育者も教員も、その習得に励み、子どもたちの自己肯定感をどうしたら高められるかに腐心しています。

ある子どもの保護者は、小学校の入学式で校長先生が、「子どもの自己肯定感を高めることが大事だ」という話をするのを聞き、自己肯定感って何だろうと思って検索したら、育児サイトにも子どもの自己肯定感を高めるための言葉が溢れていたと言います。

別の子どもの保護者も、学校の保護者会で担任の先生から、「子どもの自己肯定感を高めることが大切だ」と言われ、どうしたらいいかわからず、書店に行くと、自己肯定感に関する本が並んでいたので、いくつか買ってきたとのことです。

## ◆自己肯定感を高めるために「ほめる・ほめられる」ことが大切？

子育て書や子育てサイトを見ると、子どもの自己肯定感を高めることが大事だとして、ほめることを推奨し、このようにほめるのがよいというように、具体的なほめ方を取り上げる記事が目立ちます。

そのため、多くの親や保育者、あるいは教師が、ほめれば自己肯定感が高まるのだと信じて、子どもをやたらほめるようになったわけです。

意識調査の結果をみても、子どもが学校を出てから厳しい社会の荒波を乗り越えていけるように、時に厳しく心を鍛えて社会性を身につけさせてあげるのが愛情だ、と考える親は、非常に少数派になってきました。

でも、ほめればほんとうに自己肯定感が高まるのでしょうか？

そして、社会に出てから厳しさに押しつぶされないように心を鍛えたり、社会性をきちんと叩き込んだりすることは、子どもの自己肯定感を低下させてしまうのでしょうか？

そこで気になるのが、１９９０年以降、ほめる子育てや教育が日本中に広まってから、そういった教育を受けてきた子どもたちがどうなっているか、ということです。のちほど詳しく紹介しますが、ほめて育てることが自己肯定感を高めるどころか、自己肯定感の低さに悩む人を増やしていることが、各種調査でもみて取れます。

ほめて育てるようになってから、なぜ自己肯定感の低さに悩む人々が目立つようになったのでしょうか。

そこには、**ほめられることで無理やり高められた薄っぺらい自己肯定感の落とし穴がある**ように思えてなりません。これについては、第1章で詳しく説明しましょう。

### ◆薄っぺらい自己肯定感では成長できない

仮にほめることが必ずしも自己肯定感を高めることにつながらないとすれば、どうしたら自己肯定感を高めることができるのでしょうか。

そこで浮上するキーワードが「向上心」です。

向上心の強い自分、成長に向かって頑張っている自分に対して、自己嫌悪したり、そんな自分を否定したりする人はいないでしょう。

向上心をもつ自分、成長しつつある自分を感じることができれば、自己肯定感は自然に高まっていくはずです。それにより、気持ちが前向きになり、なかなか思うようにいかない厳しい現実に直面しても、進むべき道を力強く切り開き、困難を乗り越えていく気力が湧いてきます。

それが、さらなる自己肯定感の高まりにつながっていくのです。

ところが、今の風潮をみると、そのような好循環を促すような子育てや教育になっていないように思われます。

無理しなくていいんだよ。今のままでいいんだよ。そのように子どもの現状を肯定するばかりでは、向上心を刺激することはできません。子どもとしても、自分の現状を肯定し、「これでいいんだ」と開き直るだけでは、成長軌道に乗ることができず、真の自己肯定感を手に入れることはできないでしょう。

では、具体的にどうしたらよいのでしょうか。それについては、第1章および第3章で説明することにしましょう。

### ◆文化的背景が見落とされている

ここでみなさんに考えてほしいのは、そもそも日本の社会で生きていくのに、自己肯定感を無理に高める必要があるのか、ということです。

日本では、世間で成功者と言われる人たちをみても、自分の有能さを誇るより、謙遜《けんそん》するのがふつうです。

そんな成功者の心理を知るのにわかりやすいのは、なんらかのスポーツで優勝したり活躍したりした選手のインタビューです。

多くの選手は、「たまたまうまくいった」「運が良かった」などと自分の実力以外の要因を口にし、「ここまでこられたのは〇〇さんのおかげです」などと監督やコーチへの感謝の気持ちを表します。さらに「まだまだ力不足です」「今回は良い結果になりましたけど、課題もみえてきたので、もっともっと精進したいと思います」などと今後への決意を表明します。

イチロー選手だって、大谷翔平選手だって、「俺ってすごいだろう」「ここまで頑張ってきたんだから当然だ」というように、現状の自分に満足し、自分の実力や努力を誇示するような言動をみせることはありません。

それが日本流の自己の保ち方でしょう。

こうした文化的背景も考慮した、日本社会での自己肯定感のあり方については、第3章および第5章で説明したいと思います。

## ◆自己肯定感は高めないといけないものなのか

自己肯定感は高めるべきである。なんとしても自己肯定感を高めないといけない。そうした幻想が世の中に広まってきたせいで、自己肯定感を高めなければといったプレッシャーを感じながらも、自分は自己肯定感が低いと悩み苦しむ人が増えている。最近の日本では、どうもそのような構図がみられるように思います。

実際のところ、日本人であからさまに自己肯定感が高いと胸を張れる人が、いったいどれだけいるでしょうか。一部の勘違い人間を別にすると、ほとんどいないのではないでしょうか。

じつは、強烈に自己主張し、自分を押し出していかないと生き抜いていけないアメリカ社会でも、1970年代以降、自尊感情（自己肯定感）を高めようという運動がさかんになってから、抑《よく》うつ、ナルシシズム、不安といった問題兆候がよりいっそう目立つようになってきたとの調査結果があります。

その後、そうした流れについての反省を踏まえることで、多少の改善がみられているとの報告もあります。一方、日本の現状は、そのアメリカに一周遅れて、さらに言えば文化の違いを踏まえずに、まさに自己肯定感を高めないといけないといった信仰のような強い思い込みにより、多くの人たちが苦しんでいるように思えてなりません。

そんな風潮に流されないようにする必要があります。

そのためにはどうしたらよいのか。それを考えるのが本書の目的です。

# 第1章

# 安易な「自己肯定感を高めないと」信仰の落とし穴

## ◆そもそも自己肯定感って何？

はじめに自己肯定感とは何かを知るために、その定義をはっきり示してほしいと思われるかもしれません。私自身、自己肯定感を含めた自己の心理学の研究が専門なので、研究書ならそうすべきでしょう。

でも、心理学用語は、厳密に定義しようとすると、非常にわかりにくくなってしまいます。そこで、いきなり定義を示すようなことはせず、外堀から徐々に埋めていくことにします。

人間形成において生育環境が重要だとよく言われますが、自己肯定感の育成にも生育環境が大きく関わってきます。

なぜ、それほど生育環境が大きな影響をもつのかと言えば、私たちは**「本能が壊れた動物」**だからです。

私たち人間は、その生物学上の特性によって、とても無力な状態で生まれてきます。動物のドキュメンタリー番組などで、赤ちゃんが生まれる場面があるでしょう。たとえば、馬や牛などの高等動物は、生まれ落ちてまもなく足を踏ん張って立ち上がる練習をし、やがて数時間のうちに歩き始めます。人間の場合はどうでしょうか。生まれたその日から歩き始めたりしたら、それこそ大事件です。

動物学者ポルトマンは、出生条件によって哺乳類を就巣性《しゅうそうせい》と離巣性《りそうせい》に分けました。

就巣性に分類された下等哺乳類は、妊娠期間が短く、一度に生まれる子の数が多く、しばらくは巣で親の世話をひたすら受けなければならない未熟な状態で生まれてきます。リスやウサギなどが就巣性にあたります。

一方、離巣性に分類された高等哺乳類は、妊娠期間が長く、一度に生まれる子の数は少なく、その日のうちから親と行動を共にできるほどに成熟した状態で生まれてきます。馬やゾウなどがまさに離巣性です。

では、私たち人間はどちらでしょうか。もちろん、高等哺乳類に違いないのですが、じつは出生条件からすれば、どちらにも分類できない例外的存在なのです。

妊娠期間は長く、一度に生まれる子の数は少ないという点では高等哺乳類の傾向と一致しますが、成熟した状態でなく、きわめて未熟な状態で生まれてきます。生まれてから歩き始めるまでに、ほぼ一年を要します。

そこでポルトマンは、人間はあと一年長く母親の胎内にとどまるべきところを、なんらかの事情により早く生まれてしまうのだとして、生理的早産説を唱えました。

この未熟で生まれてくるということの意味が、じつはとても大きいのです。まだ完成されておらず、可塑性《かそせい》の高いうちに外部環境にさらされるため、環境の影響を強く受けることになります。

大人の小型版のように必要な行動能力や行動パターンを身につけて生まれてくる一般の高等哺乳類は、本能のままに行動することで社会に適応していけます。

それに対して、「本能が壊れた動物」である人間の場合は、必要な行動能力は生後に徐々に発達し、その行動能力の発達に見合った行動パターンをその都度、身につけていかなければなりません。

本能だけでは適応できない分を文化によって補っていく必要があります。ここに、しつけや教育が登場するわけです。私たち人間は、文化化されることではじめて一人前になっていきます。つまり、しつけや教育を通して、あるいは自ら模倣することで、生まれ落ちた文化に適応していくのです。

そして、**「うまく適応できていると感じる」ときに、自己肯定感が生じます。**

ゆえに、自己肯定感の形成にあたっては、人生最初の適応環境である家庭の文化の影響がとても大きいのです。

非常に未熟な状態で生まれ、親に保護されて生きることになるので、親から認められ、受け入れられなければなりません。そうしないことには無事に生きていけません。それが文化化の圧力になります。

親の課してくる条件を満たすべく頑張って、親から認められるときに、ホッとすると同時に、自己肯定感を味わうことになります。

このように、**生まれ落ちた文化のもとで生き抜く力をつけていくことによって得られるのが自己肯定感**です。つまり、**自己肯定感が高いということは、「適応力があること」を意味し、自信をもって社会に向かっていけることにつながります。**

逆に、自己肯定感が低い場合は、社会への適応力に自信がないため、自信をもって社会に出ていきにくい、いわば引きこもり気味の心理状態に陥ることが予想されます。

自己肯定感のイメージ、そして自己肯定感が高い、あるいは低いことのイメージが、なんとなくつかめたでしょうか。

## ◆長年、心理学の世界で研究されてきた自尊感情

自己肯定感と同じような意味で使われる日常用語に自尊心という言葉があります。文字通り自分を尊《たっと》ぶ（大切にする）感情のことで、「自尊心をもって生きよう」「どんなときも自尊心を失わないようにしよう」などと使われたりします。自尊心の大切さは、どんな文化圏でも共通のようです。

欲求についての研究で有名な心理学者マズローは、人はだれでも自己に対する高い評価や自己尊敬、自尊心、他者による承認・尊重に対する強い欲求をもつと言います。

この自尊心への欲求は、「強さ、業績、妥当性、熟練、資格、世の中に対して示す自信、独立と自由などに対する欲求」と、「評判、名声、地位、他者に対する優勢、他者からの関心や注目、他者からの理解などに対する欲求」とに二分されます。

このような自尊心への欲求を人間のもつ基本的欲求に含めることで、マズローは自尊心

をもつことの重要性を強調しています。

心理学では、自尊心はセルフエスティームという用語のもとに研究され、その翻訳語として自尊感情という言葉が使われてきました。

自尊感情は、心理学者ローゼンバーグによって、「自己に対する肯定的または否定的な態度」と定義されています。最近では、自己肯定感という言葉の方が世の中に広まっていますが、自己に対する肯定的または否定的態度という意味では、自尊感情も自己肯定感も同じ意味で用いられていると言ってよいでしょう。

心理学の草創期に心理学を体系化したジェームズは、自己に対する満足や不満足の客観的理由とは無関係の、ある平均した調子の自己感情があると言います。これがまさに自尊感情（あるいは自己肯定感）のことと言えます。

周囲を見回せば、十分な実力があったり実績があったりするのに自信なさそうにみえる人もいれば、失敗ばかりしているのに気持ちが委縮せずに、なぜか自信満々にみえる人もいるはずです。

どうも自尊感情は、客観的な実績に応じて上下するというものではないようです。

そして、重要なのは、ジェームズと同様に、ローゼンバーグも、自尊感情というのは客観的な評価には対応していないものとみなしていることです。

ローゼンバーグは、自分はたいていの人より優れていると考えているのに、自分自身に対して設定した基準をもとに自分は不十分だと感じる人もいれば、逆に、自分は平均的な人物だと考えているのに、そんな自分にとても満足を感じている人もいると言います。

このように自尊感情は、客観的な評価に対応したものでもなければ、自己評価をそのまま反映したものでもありません。

人からみて、「あの人は、あれでなぜ、あんなに自己肯定感が高いのか」と疑問に思わざるを得ない人がいるかと思えば、「あの人は、もっと自信をもってもいいのに、なぜ、あんなに自己肯定感が低いのか」と不思議に思ってしまう人がいるのもそのためです。

### ◆自己肯定感と自己満足を混同していないか

ここでとくに着目したいのは、序章でも挙げた「向上心」です。今以上の自分になりたいという気持ちです。

人からみて、十分な実力や実績があるのに自己肯定感が低い場合、本人がもっと高いところに自己評価の基準を置いているということが考えられます。

一方、人からみて実力からしても実績からしても自分の不十分さを感じてもよいはずなのに、なぜか自己肯定感が高いという場合、本人の自分に対する要求水準が低いということが考えられます。

つまり、向上心が強い人の場合、自分に厳しい基準を課し、自分の現状に満足しないため、自己肯定感がそこまで高くならないということがあるのでしょう。逆に、向上心が低い人の場合、自分に求める基準が低いため、自分の現状に満足し、自己肯定感が高くなっているということもあると言えます。

ゆえに、心理学者のデシとライアンも、**自尊感情はただ高ければよいというような単純なものではない**と言い、**条件付きの自尊感情とほんとうの自尊感情を区別すべき**だと言います。

本人の実力や実績の現状と自己肯定感が必ずしも対応していない理由として、向上心の有無のほかに、生育環境における受容される経験の有無がありますが、それについては、

第5章で取り上げることにします。

自尊感情の心理学の端緒《たんしょ》を開いたとも言えるローゼンバーグは、**自尊感情はありのままの自己を受け入れるだけでなく、成長し欠点を克服するという動機づけを含むもの**とみなしています。そして、自己満足には独りよがりも含まれるとして、自己満足と自尊感情を区別しています。

昨今の日本でさかんに話題にされている〝自己肯定感〟には、自己満足と言ってもよいような側面が強いように思われます。

心理学者フェルドマンも、自尊感情を自分自身の価値、評価、重要性などの総合的な査定であると定義したうえで、向上心と自信の程度の双方を反映するものとしています。

いわゆる自己肯定感に相当する自尊感情の心理学的研究の流れについてこれ以上解説しても難しくなるので、実践的な話に入っていきたいと思いますが、ここであらためて強調しておきたいのは、**自己肯定感はただ高ければいいというようなものではない**ということ、そして自己肯定感について考える際には向上心を考慮する必要があるということです。

## ◆「自己肯定感が高い子ほど成績が良い」は、ほんとうか

自己肯定感が高い子ほど成績が良い、だから自己肯定感を高めるべきだ。そうした論調が目につきますが、実際にはどうなのでしょうか？

文部科学省による全国学力テストにおける質問紙調査の中に、自己肯定感についての質問があります。その分析結果をみると、たしかに自己肯定感が高い方が学力も高くなっています。だから学力を高めるために自己肯定感を高めようということになるのでしょう。

でも、ほんとうにそうでしょうか。

これは、専門的な言い方をすれば、相関関係と因果関係を混同しているのです。

たとえば、身長が高いほど体重が重いといった相関関係がみられた場合、全体としてみれば小柄な人より大柄な人の方が身長も体重も大きくなるということは言えるでしょう。だからといって、体重を増やせば身長が高くなるとは言えないはずです。

何をバカなことを言ってるんだ、太れば背が高くなるなんて、そんなこと考えるわけがないだろうと思うかもしれません。

でも、自己肯定感が高い子ほど成績が良い、だから自己肯定感を高めるべきだ、という

のも、同じようにおかしなことなのです。

ここで、自己肯定感が高い子ほど成績が良いということの意味を考えてみましょう。真っ先に思い浮かぶのは、多くの場合、成績が良くなっていけば、自己肯定感は高まっていくだろうということ。反対に、成績が悪いことが続けば、自己肯定感は低下していくだろうということです。つまり、自己肯定感が高いのは、成績が良いことの原因ではなく結果ということになります。

成績と自己肯定感の相関関係からは、成績が良い→自己肯定感が高まる、という因果関係を想定するのは、けっして間違いではないでしょう。

でも、逆方向の因果関係が成り立つとは限りません。もちろん、自信をもって取り組むことで、成績が向上するということもあるかもしれませんが、ただ自己肯定感を高めさえすれば成績が良くなるというものではないことは明らかです。

たとえば、たいして頑張ることなく、そんなに良い成績でもないのに、親や教師にほめられることで、「自分はすごい」「これでいいんだ」と思う子は、はたして成績が良くなっていくでしょうか。

むしろ、厳しい現実に直面させられ、「自分はまだまだ力不足だ」「これじゃダメだ」と思って頑張る子の方が、成績が良くなっていく可能性は高いのではないでしょうか。

後述しますが、自分の感情をコントロールできずに、すぐに落ち込んだり、感情を爆発させたりする子どもや若者が増えています。それについても、親や教師をはじめとする大人が、ほめるばかりで、なかなか思うようにいかない厳しい現実をもちこたえる力がつくような導き方をしていないからではないでしょうか。

そんな自分では、ほんとうの自己肯定感が高まることは期待できません。

## ◆自己肯定感はどのように測定されるのか

安易にほめて育てることで、薄っぺらい自己肯定感が高まる危険性を指摘してきました。では、そもそも自己肯定感はどのようにして測られているのでしょうか。それを知っておく必要があります。

心理学の世界においては、自尊感情を測定する心理尺度として最も多く使われてきたのが、10項目からなるローゼンバーグの自尊感情尺度です。それにはいくつかの翻訳がありますが、自己に関する研究活動を一緒にさせていただいた故星野命《あきら》先生の翻訳版は、ローゼンバーグの尺度を広めるのに大きな貢献をしました。それは、つぎのような項目で構成されています。

①私はすべての点で自分に満足している
②私は時々、自分がてんでだめだと思う
③私は、自分にはいくつか見どころがあると思っている
④私はたいていの人がやれる程度には物事ができる
⑤私にはあまり得意に思うところがない
⑥私は時々たしかに自分が役立たずだと感じる
⑦私は少なくとも自分が他人と同じレベルに立つだけの価値がある人だと思う
⑧もう少し自分を尊敬できたらばと思う
⑨どんなときでも例外なく自分も失敗者だと思いがちだ
⑩私は自身に対して前向きの態度をとっている

このうち、②⑤⑥⑧⑨は逆転項目といって、「あてはまらない」と答えた場合に自尊感情得点が高くなります。

あなた自身、いくつの項目があてはまるかチェックしてみてください。専門的になるので詳しい評価方法は省きますが、①③④⑦⑩はあてはまれば自尊感情得点は高くなり、②⑤⑥⑧⑨はあてはまらなければ自尊感情得点は高くなります。

このローゼンバーグの自尊感情尺度には、日本文化にはなじまない項目が含まれているという問題があります。私は常々、文化的要因を考慮すべきであると言ってきましたが、自尊感情尺度も例外ではありません。

私は、面接調査に際して自尊感情尺度を用いた経験にもとづき、学会シンポジウムや論文において、話していて得られる印象と尺度得点との間に乖離《かいり》があるのではないかという疑問を提起してきました。

つまり、この尺度で自尊感情得点が高い人が、必ずしも面接において自信を感じさせる人物でなかったり、面接で自信を感じさせる人物が、必ずしもこの尺度で自尊感情得点が高くなったりするわけではないことを指摘し、自尊感情を測定する際には、謙遜の美を意識させる日本文化の特徴といった文化的要因を考慮する必要性を指摘しました。

たとえば、自尊感情尺度の得点が低い人が、面接では、謙遜しつつも落ち着いた自信を感じさせたり、自分に対して前向きの姿勢を感じさせたりすることがあります。逆に、自尊感情尺度の得点が高い人が、面接になると、自分を振り返る姿勢が感じられなかったり、虚勢を張るなど自己防衛的な尊大さを感じさせたりすることがあります。

謙遜の美を重視する日本文化のもとで自己形成してきた私たちは、項目①のように「すべての点で自分に満足している」などと言えるでしょうか。そんな傲慢《ごうまん》な態度は取れないと思い、この項目を否定すると、自尊感情は低くなってしまいます。得意になるのはよくない、謙虚さを失わないようにしたいと思い、項目⑤「私にはあまり得意に思うところがない」を肯定すると、やはり自尊感情は低くなってしまいます。

研究仲間の田中道弘も、文化心理学の領域で指摘される自己呈示の問題や自己卑下《ひげ》的バイアスの問題などを新たな尺度に反映させる必要性を指摘しています。

これを受けて田中は、自己肯定感尺度を開発しました。それは、つぎのような9項目で構成されています。

①私は、自分のことを大切だと感じる
②私は、時々、死んでしまった方がましだと感じる
③私は、いくつかの長所をもっている
④私は、人並み程度には物事ができる
⑤私は、後悔ばかりしている
⑥私は、何をやっても、うまくできない
⑦私は、全体的には自分に満足している
⑧私は、自分のことが好きになれない
⑨私は、物事を前向きに考える方だ

おわかりのように、②⑤⑥⑧が逆転項目で、「あてはまらない」と答えた場合に自己肯定感が高くなります。

回答は、項目ごとに、「あてはまる」「ややあてはまる」「ややあてはまらない」「全くあてはまらない」のどれかを選ぶようになっています。

自分は自己肯定感が高いのか、それとも低いのか。試しに各項目があてはまるかどうかチェックしてみてください。

なお、この尺度の改訂版では項目⑦が削除され、8項目構成になっています。項目⑦の削除理由は、この項目があてはまらないと答えた人にその理由を尋ねた結果、「自分に満足してしまったら、今後の成長が望めない」などの前向きの回答が多かった（あてはまらないと答えた人の3割以上）からです。そうなると、この項目があてはまらなくても、必ずしも自己肯定感が低いことにはなりません。

ローゼンバーグも自尊感情には向上心が含まれると言っていますし、この自己肯定感尺度開発にあたっても、**向上心が強いために現状に満足していない状態を自己肯定感が低いとみなすのはおかしい**という問題が浮上してきました。心理学研究の最先端の現場でも、自己肯定感が高いとはどういうことなのかを巡って、このようにさまざまな議論が行われているわけです。

こうしてみると、自己肯定感を高めよう、どんな自分でもよしとしよう、といった言葉に安易に乗せられるのは危険だとわかるはずです。

漠然と自己肯定感が高くないといけない、と思い込まされている人が多いようですが、自己肯定感が高いというのはどんな心理状態を指すのかをきちんと理解できていないいまま、踊らされることがないようにしたいものです。

**◆自己肯定感は、ほめることで高まる？**

教育現場では子どもたちの自己肯定感を高める工夫の必要性が説かれ、子育て中の親に対しても子どもの自己肯定感を傷つけないように、そして高めるようにと、さまざまな具体的なノウハウが示されます。

傷つきやすい若手社員をちょっと注意すると、落ち込んだりパワハラだと訴えてきたりするのを恐れる企業でも、若手社員の自己肯定感を傷つけないようにするノウハウを共有しようといった動きもあります。

このように、自己肯定感を高めるのが絶対的に良いことなのだという風潮を、私は**「自**

己肯定感信仰」と名づけています。

この自己肯定感信仰とセットになって、ますます広まりつつあるのが、ほめる子育てであり、ほめる教育です。

何がなんでもほめて、ほめて、ほめまくり、かつてなら叱るべき場面でも叱らず、傷つけないようにと厳しいことは言わず、常にポジティブな気分でいられるように配慮する。それによって自己肯定感を高めようとする。そういった動きが、はたして人の成長にとって望ましいものなのか、私は大いに疑問です。

子育て本やネット上の子育てサイトをみても、子どもの自己肯定感を傷つけないように厳しい言い方は避けるようにしよう、自己肯定感が高まるようにたくさんほめようなどと、具体的なほめ言葉が示されたりしています。

私がある子育て雑誌の取材を受けたときのこと。ほめて育てる子育ての弊害について語り、学校に行ってから、さらには社会に出てから、厳しい状況になっても耐えられるように心を鍛えてあげることの大切さを語ったのですが、できあがって送られてきた雑誌を開いて、思わず苦笑してしまいました。私の記事と並んで、「すごい！」「すてき！」といったほめ言葉をかけましょうというような記事が掲載されていたからです。

学校でも、宿題をやらなかったり、授業中に寝ていたりしても、傷つけないように叱らず、できるだけ良いところをほめよう、探せば必ずほめるべきことはみつかるはずだなどと言われているようです。

教師向けの雑誌の中に、授業中だるそうに机に伏しかけている生徒に対しては「前のめりで良い姿勢ですね」とほめましょう、そうすれば傷つけることはないというようなことが書いてあるのを見たときには、ついにここまできたのかと驚き、あきれたものでした。

数年前、ある自治体の校長先生たちの集まりで講演した際に、アンケートを取らせてもらいましたが、その結果には、叱ったり厳しい指導をしたりしにくくなっていることが如実に表れていました。たとえば、つぎのような傾向がみられました。

「以前と比べて生徒をほめることが多くなった」……肯定79・5％　否定6・8％
「以前と比べて生徒を叱ることが少なくなった」……肯定61・3％　否定20・4％
「生徒をほめなければならないといった空気が強まっているのを感じる」

「生徒を厳しく指導するということがやりにくくなっている」
……肯定77・3％　否定4・5％
……肯定86・4％　否定11・3％
「生徒を叱るべきときでも叱りにくくなっている」……肯定54・5％　否定22・7％

ほめる教育がいかに学校に浸透しているかがわかります。
その結果といってよいと思いますが、傷つきやすい、心が折れやすい、忍耐力が乏しいといった傾向をもつ生徒が増えている印象を、ほとんどすべての校長先生が抱いていることがわかります。

「叱られることに抵抗のある生徒が増えていると感じる」…肯定88・7％　否定2・3％
「ほめられないと拗《す》ねる生徒が増えていると感じる」……肯定50・0％　否定15・9％
「傷つきやすい生徒が増えていると感じる」……肯定88・7％　否定0％
「心が折れやすい生徒が増えていると感じる」……肯定84・1％　否定2・3％

「生徒の忍耐力が低下しているのを感じる」……………肯定95・5％　否定0％

さらには、ほめて育てるといった風潮が広まっているためだと思いますが、子どもに甘く、心を鍛えるということに目が向いていない保護者が多いと、ほとんどすべての校長先生が感じているようです。

「子どもに甘い保護者が多いように思う」………………肯定90・9％　否定2・3％
「心を鍛えるという面に価値を置かない保護者が多いように思う」
　…………肯定79・6％　否定0％

こうした風潮の中で育ったため、叱られることに対する耐性が乏しいまま社会に出ていくことになり、上司からちょっと叱られただけでもその叱責を自分の成長の糧《かて》にする気持ちの余裕がなく、ただ傷ついてしまうのです。叱られたり、まずい点を指摘されたりすると、そこを反省して直そうという思いよりも不快感の方が強く、つい反発してしまいます。あるいは、傷つきに耐えられず、その場から逃げ出したくなります。

実際、私が教える大学で、学生たちと叱られること、注意されることについて話し合うと、正当な注意であっても感情的に反発する傾向が強いことがわかります。

たとえば、授業中にやる気のない態度を注意された場合も、やはりムカつくのだと言います。それは注意されて当然なのではないかと問いかけても、

「そうかもしれないけど、やっぱりムカつくよなあ」

と言います。周囲の学生たちも頷《うなず》きます。でも、自分の態度が悪いわけだよね、と問いかけると、

「そう言われればそうですけど、注意されたときはやっぱり感情的になっちゃいますよ」

「先生だって授業で言ってるじゃないですか。人間は理屈で動くんじゃなくて感情で動く面が強いって。注意されればだれだってムカつきますよ」

などと、悪びれずに答えます。注意された自分が悪いという実感はほとんどないようです。注意されたり叱られたりといった経験が乏しいため、そのことに対する耐性が極端に乏しいのでしょう。その結果、注意や叱責を成長の糧にする気持ちの余裕がなく、自分を

否定されたような気になり、我慢ができずに感情的な反応を示してしまうのです。

企業でも、若手社員は傷つきやすく、ちょっとした注意や叱責でひどく落ち込んで仕事が手につかなくなったり、極端な場合は翌日から休んだり、あるいは逆ギレしてパワハラだと訴えてきたりするから、とにかくほめることが大切だとされ、管理職向けにほめ方の研修がさかんに行われたりしています。

そうした研修では、何でもいいから目の前の人をみてほめるべき点をみつけてほめる練習をしたり、注意する際もネガティブな言葉をほめ言葉に言い換えて伝えるのがよいとして、言い換えの演習をしたりするようです。

たとえば、つぎのような言い換えの練習例（「日経ビジネス」２０１３年４月15日号）をみたときは、これで注意したことになるだろうか、こんな言い換えをして仕事をする際の態度や行動が改善するだろうかと大いに疑問に思ったものでした。

チャレンジ精神がない　→　地に足が着いた
決断力がない　→　入念に考える

態度が偉そう　→　器が大きい
意見を聞かない　→　こだわりがある
図々しい　→　度胸がある
雑な性格　→　おおらか

はじめの2つはまだマシとしても、「態度が偉そう」な部下を注意するのに「あなたは器が大きいね」と言って、偉そうな態度が改まるでしょうか。人の意見を聞かない部下に、「あなたはこだわりがあるね」と言って、人の意見を聞くようになるでしょうか。図々しい部下に「あなたは度胸があるね」と言って、図々しい態度が改まるでしょうか。雑な仕事が多くて困る部下に、「あなたはおおらかだね」と言って、雑な仕事が改まるでしょうか。

私は、これを見た瞬間、大笑いしてしまいましたが、これが冗談でなく、ほんとうに研修で行われていると知って、笑えなくなりました。

自己肯定感を高めるために、ほめてくれる人を身近にもつようにしようなどと言われることがありますが、右に挙げた例をみてもわかるように、それは大きな勘違いにもとづくアドバイスだと言わざるを得ません。

人からほめられれば気分がいいし、やる気が出る。ほめられないと気分が悪いし、やる気が出ない。人からの称賛の有無に一喜一憂する。そんなふうに人の評価に依存するような姿勢では、安定した、真の自己肯定感が得られるとはとうてい思えません。

このような子育てや教育の現状をみると、企業などで新人の扱いに戸惑うのももっともなことと言えます。

### ◆ほめる教育が広まって以降、日本人の自己肯定感は下がっている

私は、ほめて育てるということが言われ始めた１９９０年代以降、若者の自己肯定感が高まるどころか、むしろ低下していることを指摘してきました。

たとえば、日本青少年研究所が行っている高校生の意識調査（日本・アメリカ・中国・韓国の比較調査）によれば、「自分はダメな人間だ」という項目が「よくあてはまる」と答えた日本の高校生は、「ほめて育てる」ことがあまり言われていなかった１９８０年

には12・9％でしたが、「ほめて育てる」ことが徹底して行われるようになって久しい2014年には25・5％と2倍になっています。

しかも、「まあそう思う」も含めて、「自分をダメな人間だと思う」という日本の高校生は、2014年には72・5％となっており、7割以上が「自分をダメな人間だと思う」と答えています。

これが自己肯定感を表す項目だとするなら、ほめて育てることを徹底的にやったところで、自己肯定感はまったく高まっておらず、むしろ大きく低下していると言わざるを得ないでしょう。

また、国立青少年教育振興機構が2017年に実施した高校生の意識調査（日本・アメリカ・中国・韓国の比較調査）では、日本の高校生で「私は価値のある人間だと思う」を肯定する者は44・9％、「私はいまの自分に満足している」を肯定する者も41・5％にすぎず、過半数が否定しており、報告書では日本の高校生は自己肯定感が低いとしています。

この調査では、日常的な心情についての質問もしていますが、日本の高校生の結果をみると、「落ち込む」という者は54・8％、「ものごとに集中できない」という者は45・6％、

「なんとなくいらいらする」という者は45・４％というように、ほぼ半数がこのようなネガティブな心の状態になっています。これでは自分をなかなか肯定できないのも無理はありません。

自己肯定感が低いと、このように気持ちが不安定になりがちで、落ち込んだり、イライラしたりしがちです。それに関連して着目したいのが、小学校における暴力事件が急増していることです。

友だちから嫌なことを言われたり、嫌な態度を取られたりすると、怒鳴るように言い返したり、つい手を出したりしてしまう。教師から注意されると、泣きわめいたり、暴れたりしてしまう。そうしたキレやすい子どもたちの急増が大きな社会問題になっています。

文部科学省による２０１９年度の調査データをみると、教育機関における生徒の暴力行為の発生件数は７万８７８７件です。その内訳は、小学校４万３６１４件、中学校２万８５１８件、高校６６５５件となっています。

かつては荒れる中学生などと言われ、思春期にあたる中学校が飛び抜けて多かったのですが、このところ小学校の件数が急増し続けており、今では小学校の発生件数が断トツに多くなっているのです。

じつは、２０１１年までは小学校での発生件数は、中学校はもとより高校よりもはるかに少なかったのです。２０１２年から小学校での発生件数が増え始め、２０１３年に高校を抜き、その後も急増し続け、ついに２０１８年には中学校も抜き、今や高校の5倍にもなっています。

衝動に駆られて怒鳴ったり暴れたりしたあとは、なんとも後味が悪いもの。「またやっちゃった」と後悔し、自己嫌悪に陥る。これでは自己肯定感が育《はぐく》まれるはずがありません。

このところの小学校における暴力事件の急増には、ほめるばかりで厳しさを欠いた子育てによる自己コントロール力の欠如、そして読解力の乏しさによりコミュニケーションがうまくいかなくなっていることなどが関係しているというのが私の見立てです。

いずれにしても、ほめて育てれば自己肯定感が高まるというのは、この結果からも功を奏していないばかりか、まったく的外れだったとみなさざるを得ません。

暴力に限らず、「小1プロブレム」などといって、幼稚園から小学校への移行でつまずく子どもが多いことも問題になっています。

授業にすぐに飽きてしまい、じっとしていられず、席を立ったり、歩き回ったりする。それだけでなく、教室の外に出ていってしまったりする子もいるため、そのような子のあとを追いかける補助教員を雇うこともあるほどです。

このように自分の衝動をコントロールする力がないままでは、社会性が身につかないし、自己肯定感も高まりません。それは教師たちも十分わかっているはずです。でも、うっかり子どもに社会性を身につけさせようと厳しめに指導すると、「ほめて育てる」という考え方に染まった保護者からクレームがくるため、ほうっておくしかない。そんな苦しい胸の内を語る教師も少なくありません。

このような状況なので、子どもの自己肯定感を高める役割を学校に求めるのは難しく、親がなんとかしてあげなければなりません。親の姿勢が子どもの自己肯定感をより大きく左右する時代になったというわけです。

## ◆自己肯定感信仰の弊害

こうしてみると、ほめれば自己肯定感が高まるというのは幻想にすぎなかったということがわかります。

もう20年近く前、ほめて育てるという考え方が広まり始めた頃のことですが、先生たちからこんな事例を聞かされました。

私がある自治体の家庭教育カウンセラーとして担当していた地域の小学校や中学校でのこと。先生がいたずらっ子を注意したところ、叱られたショックでその子が不登校になるだけでなく、そこに居合わせたおとなしい子までがショックを受けて不登校になるというようなケースがみられるようになった、というのです。

うちの子は親でも叱ったことがないのに、先生の怒る様子を見てショックを受け、怖くて学校に行けなくなった、などと保護者が訴えてくるため、もう子どもたちをしつけるのは無理だ、自分の身を守れないといった声も聞かれました。

その一方で、けっして叱らず、ひたすらほめるといった最近の風潮に、不満をもつ子どもも出てきています。

ある小学校で校長をしていた塩澤雄一は、5年生のときに荒れて手がつけられなかったクラスが、6年生になり担任が替わったら全員が落ち着いて授業に集中するようになり、子どもたちはこれまでと違って別人のように素直になったと言います。

そこで、かつて荒れていたやんちゃ坊主たちを集めて、「君たちは5年生のときにあんなに先生の言うことを聞かなかったのに、どうして6年生になったら素直になったのか」と尋ねると、ある子が「前の先生は僕らが悪いことをしても何も言わないから悪いことばかりしていた。今度の先生は、僕らが悪いことをするとちゃんと叱ってくれる。だから先生の言うことを聞くんだ」と答え、ほかの子もそれに頷いていたそうです（『児童心理』2010年1月号　金子書房）。

また、朝日新聞の「声」という読者の投稿欄に、「なぜ先生は叱ってくれないの？」という14歳の中学生の投稿が掲載されたことがあります（2016年7月31日付朝刊）。私は、その投稿に対するコメントを求められました。

9月28日の同欄に私のコメントとともに再掲載された投稿は、つぎのようなものでした。

「授業中、クラスメートが騒いでいた。先生がなだめるように言った。『ほら、おしゃべりはやめようね！』

まるで小学校低学年への対応のようだと私は思った。もちろん騒いでいた生徒が一番悪いのだが、それをしっかり叱らない先生にも問題があるのではないかと思う。先生だって人間だから、叱りたくないのはわかる。生徒に良い印象をもたれたい気持ちもあるだろう。（中略）

でも、私はそういう先生が嫌いだ。多少やりすぎと言われても、生徒を第一に考え、本気で怒り、叱ってほしい。

私の両親の子ども時代、悪いことをすれば立たされ、竹定規《たけじょうぎ》で叩かれたと聞く。でも両親は感謝しているという。いつから先生は本気で叱らなくなったのだろう。（中略）先生、私たちを本気で叱って下さい」

大人がなぜきちんと叱らなくなったのか。そこに潜む利己的な思いを子どもたちはしっかり見抜いているのです。生徒のためではなく、自分かわいさゆえに叱らなくなったのだ、と。

私が話した内容の要旨として掲載されたコメントは、つぎのようなものでした。

「大人が子どもを叱ることの重要さを訴えています。『ほめて育てる』が人気で、叱るのは不人気な時代。叱るにはエネルギーが要るし、嫌われるかもしれない。良い人と思われたいのが人情。先生なら保護者や管理職の目も気になる。事なかれになりがちです。『心が折れる』という言葉がありますが、子どもの心は柔軟で、叱られても簡単に折れない。むしろ、叱られた経験がない子は打たれ弱く、傷つきやすくなり、きつい状況で頑張れない。そこに若者の生きづらさがあります。『遅刻を叱られたからバイトをやめた』という学生さえいますが、これでは社会に出てから困ります。そうした若者が教師や親になり、『叱らない』教育が続く悪循環は避けたい。大人は憎まれ役を買って出て叱るべきです」（朝日新聞2016年9月28日朝刊）。

この中学生は叱らない教師に対して「もっと本気で叱って」と要求していますが、これは親にもそのままあてはまることです。

なんでもほめるばかりでは社会性が身につかず、自分の衝動をコントロールする力もつかないため、社会にうまく適応していくことができず、また思い通りにならない現実の荒波を力強く乗り越えていくたくましさも身につきません。それでは真の自己肯定感が高まるわけがありません。小学校高学年〜中学生くらいになれば、叱らずにほめてばかりの大人の姿勢に疑問を抱く子も出てくるのです。

結局のところ、自己肯定感は、けっしてほめることで高められるようなものではないのです。

## ◆今の自分に満足すれば自己肯定感は高まるのか

自己肯定感を高めるには、自分に対する要求水準を下げればいい。そうすれば自分に対する満足度が上がる。そのような安易なアドバイスを耳にすることがありますが、それでは真の自己肯定感が高まることはないということは、ここまで読んでこられた方ならもうおわかりでしょう。

たしかに要求水準を下げれば、満足度は上がります。

たとえば、野球選手がホームランを15本打ったとして、自分なりの目標が20本だと満足できないですが、目標が10本なら十分満足できます。

でも、ほんとうにそれで自己肯定感が高まるでしょうか。

ここで注目したいのは、児童期には多くの子が自己肯定しているのに、思春期になると自己肯定する子が一気に少なくなるという傾向です。

たとえば、ちょっと古いデータではありますが、「自分に満足」という子の比率は、小学5年生では57・5％と過半数を占めるのに、中学1年生では30・0％と半分くらいに低下し、中学3年生では20・5％とさらに低下することが示されています。「自分が好き」という子の比率も、小学5年生では54・8％と過半数を占めるのに、中学1年生では45・0％とやや低下し、中学3年生になると32・5％とさらに低下しています。

これには、児童期から思春期にかけての認知能力の発達により、抽象的思考ができるようになることで、理想自己を高く掲げるようになり、また現実自己を厳しい目でみつめるようになることが関係しています。

その証拠に、別の調査では、小学5年生では理想自己と現実自己のギャップとIQとの間になんの関係もみられないのに、より年長になると、同じ学年でもIQの高い者の方がギャップが大きくなることが示されています。

現実自己と理想自己のギャップの大きさは、認知能力の発達のしるしなのです。心理的に成熟し、理想を高く掲げると同時に、現実の自分を厳しい目でみつめるために、自分の未熟さや至らなさを感じ、自己嫌悪に陥るわけです。**自分はまだまだだと自己嫌悪に陥る**

**のは、向上心があることの裏返し**とも言えます。

ゆえに、ずっと自己肯定したままというのは、心理的な成熟が滞っているとみなすこともできるのです。理想を高く掲げたり、自分を批判的に振り返ったりすることがないため、自己肯定していられるわけです。そこには自己嫌悪もなければ、向上心もみられません。

自己肯定感には向上心が含まれるということを考えたら、要求水準を下げて自分に満足すればいいということではないはずです。自分をさらに向上させていこうという心の構えが必要です。そんな向上心のある自分だからこそ、真に自分を肯定できるのです。

### ◆存在を認めてあげること、頑張りを認めてあげること

このようにみてくると、子どもや若者に頑張るように励ましてはいけない、その子どもや若者の現状を否定していることになる、だから「そのままで十分」というように受け入れてあげることが大切だ、というような考え方は間違いだということがおわかりいただけると思います。

もちろん、一人ひとりの存在価値を認めてあげることが大切なのは言うまでもありませ

ん。勉強ができないからダメ人間だ、足が遅いからダメ人間だ、サッカーが上手にならないからダメ人間だ、そんな人間は生きる価値がない。そういうのは困ります。

何ができるから認める、できないから認めないということではなく、何ができてもできなくても存在価値を認めてあげることが大切なのは、言うまでもありません。

一人ひとりの存在価値を認めるというのは、そのような意味であって、そのまま一切成長しなくていいという意味ではありません。そのあたりを混同した議論が横行しているように思われます。

頑張るように励ますのは、けっして現状を否定しているわけではなく、向上心や能力を認め、成長していくように期待を込めているのです。いわば、**成長していく存在として認めている**のです。どうせ成長するわけがないと思えば、期待などしないし、頑張るように励ましたりもしません。

私たちは、人から期待されていると感じると、自然に頑張ってしまうものです。子どもも同じです。親や先生から期待されていると感じれば、頑張る気持ちが湧いてきます。何を期待されているかを知ることで、社会的に望ましい行動の指針ができ、それを目指して頑張ることで適応感や達成感が得られ、自己肯定感が高まっていきます。

第5章で間柄の文化について解説しますが、自分を中心に生きている欧米人と違って、間柄＝関係性を大事に生きている私たち日本人は、相手の期待に応えたい、相手の期待を裏切りたくないといった思いが強いため、相手の期待に応えることができれば自己肯定感は高まります。

頑張るように励まされることがなく、ほめられるばかりの場合、もともとモチベーションが低い子なら心地よさに安住するかもしれませんが、モチベーションが高い子にとっては期待されていないことを物足りなく思い、期待されていない自分に失望し、かえって自己肯定感が低下してしまうことにもなりかねません。

心のケアでよく言われる「頑張らなくていいんだよ」「無理しなくていいからね」というのは、頑張りすぎて心が傷つきボロボロになっているときにかける言葉です。普段から頑張らなくていい、無理しなくていいという意味ではありません。

いわば、ケガで入院中なのに無理して筋トレをしようとするスポーツ選手に対して、「今は無理をしないように。頑張らなくていいから」と言うのは当然のことでしょうけれど、ケガをしていないときには筋トレに励む必要があります。頑張らなくていい、無理しなくていいなどと言っていたら、選手としての成長が望めません。

ただし、頑張っても成果が出ないこともあるでしょう。そんなときは、努力を認め、結果にとらわれないように導く対話をすることで、自己肯定感の低下を防ぐ配慮が必要です。期待に応えられず傷ついているときこそ、向上心をもって頑張る姿勢、頑張ったプロセスを評価し、認めてあげることが大切です。

## ◆自己肯定感の誤解を解く

このようにみてきてわかるのは、ほめると自己肯定感が高まるというのは誤解でしかないということ。そして、それを信じてほめてばかりいると、かえって自己肯定感を損ねてしまうことがあるということです。

たいして頑張ってもいないのにほめられれば、「この程度でいいんだ」となり、適当でいいとする心が育つ可能性もあります。たいした成果も出せていないのにほめられれば、「どうせ期待されていないんだ」「この程度の人間と思われてるんだ」と受け止め、自分の能力に対して懐疑的になる可能性もあります。それでは自己肯定感が高まることは期待できません。

必死に頑張ったのに、結果につながらないというのは、現実によくあることです。そんなときに頑張りを認めてくれる人がいれば、前向きの姿勢を維持することができます。

でも、適当にやっているだけで、本人に頑張っているという思いもなく、成果を出しているということもないのに、やたらほめられたとしたらどうでしょうか。そのときは気分はいいかもしれませんが、なんの自信にもなりません。向上心の強い子だったら、それでほめられてもいい気分にはなれないはずです。

では、真に自己肯定感を育むにはどうしたらよいのでしょうか。

それについて考えるにあたって、まずはアメリカをはじめとする欧米では、なぜ自分は自己肯定感が高いと「感じる」人が多いのか、一方、日本ではなぜ自分は自己肯定感が低いと「感じる」人が多いのか、その文化的背景の違いをみていきましょう。

それを明らかにしたうえで、私たち日本人にとっての真に自己肯定感を高めるための方法を考えていきます。

# 第2章

# 「欧米人の自己肯定感は高い」は、ほんとうか？

## ◆国際調査にみる、欧米人の自己肯定感の高さと日本人の低さ

日本の子どもたちの自己肯定感の低さがよく問題にされますが、ほんとうに日本の子どもたちはほかの国々の子どもたちと比べて、自己肯定感が低いのでしょうか？

日本ではアメリカに留学する人が多いようですが、アメリカに留学経験のある人が口を揃えて言うのは、アメリカの学生がみんな自信満々にものを言うのに圧倒されたということです。たいていの日本人は、アメリカ人の自信満々な態度に驚くのではないでしょうか。

そこには文化的要因が深く関係しているのですが、それについてはのちほど触れることにして、まずは実態をみていきましょう。

国立青少年教育振興機構が２０１５年に「高校生の生活と意識に関する調査」を実施しています。その報告書をみると、「自分はダメな人間だと思うことがある」という項目に「とてもそう思う」、もしくは「まあそう思う」と答えた高校生の比率は、アメリカでは45・1％なのに対して、日本では72・5％というように著しく高くなっています。

また、内閣府は２０１３年に「我が国と諸外国の若者の意識に関する調査」を実施して

います。その調査は、各国の13歳~29歳の青少年男女を対象にしています。その結果をみると、「私は自分自身に満足している」という若者の比率は、アメリカ86・0%、イギリス83・1%、ドイツ80・9%、フランス81・7%というように欧米諸国は8割を超えているのに対して、日本は45・8%と極めて低く、半分に近い比率になっています。

この2つの調査結果を盛り込んだ「日本の子供たちの自己肯定感が低い現状について」という参考資料が、2016年10月28日に開かれた第38回教育再生実行会議に提出されました。

こうしたデータが、日本の子どもや若者の自己肯定感が低いことの証拠とみなされ、自己肯定感を高めるための施策が検討されているわけですが、それは文化的背景を考慮せずに調査データの表層しかみておらず、大きな勘違いにもとづく見解と言わざるを得ません。

さらに、もう少し新しい調査データをみていきましょう。

内閣府は、2013年と同様の「我が国と諸外国の若者の意識に関する調査」を2018年にも実施しています。その結果をみると、「私は自分自身に満足している」という若者の比率は、アメリカ87・0%、イギリス80・1%、ドイツ81・8%、フランス

85・0％というように欧米諸国は前回同様8割を超えているのに対して、日本は45・1％と前回から上がることなく極めて低く、欧米諸国の半分に近い比率のままになっています。日本では、自己肯定感を高めるために積極的にほめるなど、さまざまな試みが行われているにもかかわらず、欧米との歴然とした差は一向に縮まる気配がありません。

同じ調査で、「自分には長所がある」という若者の比率をみても、アメリカ91・2％、イギリス87・9％、ドイツ91・4％、フランス90・6％と欧米諸国は9割前後になっているのに対して、日本は62・2％となっており、欧米諸国のほぼ3分の2にすぎません。

前章でも紹介した、国立青少年教育振興機構が2017年に高校生を対象に実施した国際比較調査の結果をみても、「私は価値のある人間だと思う」を肯定する比率は、米国83・8％、韓国83・7％、中国80・2％に対して、日本は44・9％と極端に低くなっています。「私はいまの自分に満足している」を肯定する比率も、米国75・6％、韓国70・4％、中国62・2％に対して、日本は41・5％であり、これまた極端に低いと言わざるを得ません。

さらに、内閣府による「子供・若者の意識に関する調査」は、13歳〜29歳の男女を対象として実施されていますが、「今の自分が好きだ」という若者の比率は、２０１６年の調査では44・8％、２０１９年の調査でも46・5％となっており、相変わらず自分を肯定する若者は４割台にとどまっています。

「今の自分に満足している」という項目は２０１６年の調査にはありませんでしたが、２０１９年の調査では、これを肯定する若者は40・8％にすぎず、６割が今の自分に満足していないことになります。

## ◆欧米人の自己肯定感の高さを見習うべきか

どの国際比較調査のデータをみても、欧米人の自己肯定感の高さは疑いようもなく、それに比べて日本人の自己肯定感は著しく低くなっています。

そのようなデータを根拠に、日本の子どもや若者の自己肯定感を高めなければならないとして、さまざまな取り組みが行われています。それにもかかわらず、前項でみたように、日本の子どもや若者の自己肯定感が高まる兆候はみられず、欧米人との差は一向に縮まる気配がありません。

そこで、いったいどうしたら縮めることができるか、どんな方法を用いたら日本の子どもや若者の自己肯定感を高めることができるかが真剣に議論されていますが、私は、そんなことを気にする必要はまったくないと思います。その根拠を示しましょう。

前出の国立青少年教育振興機構が２０１５年に実施した「高校生の生活と意識に関する調査」には、「私は、勉強が得意な方だ」という項目もありました。それを肯定する者は、アメリカの高校生は65・６％なのに対して、日本の高校生は23・４％にすぎませんでした。3倍近い開きがあります。

では、こうした自己評価は、学力の実態を反映しているのでしょうか。

それを確かめるために、ＯＥＣＤ（経済協力開発機構）が3年ごとに実施している学力の国際比較調査「生徒の学習到達度調査（ＰＩＳＡ）」の結果をみてみます。

その調査は、各国の15歳の生徒を対象として、「科学的リテラシー」「読解力」「数学的リテラシー」に関するテストを実施しています。大雑把な言い方をすれば、毎回日本は総合的にみて上位に位置し、アメリカは中間から下位あたりに位置しています。具体的にみてみましょう。

２０１５年の調査結果をみると、アメリカは科学的リテラシー24位、読解力24位、数学的リテラシー40位となっています。日本は、科学的リテラシー２位、読解力８位、数学的リテラシー５位で、アメリカよりはるかに優秀な成績となっています。

２０１８年の調査結果をみると、アメリカは科学的リテラシー18位、読解力13位、数学的リテラシー37位となっています。日本は科学的リテラシー５位、読解力15位、数学的リテラシー６位で、読解力こそ並んでいるものの、総合的にみればアメリカよりはるかに優秀な成績を収めています。

イギリス人もアメリカ人と同じような傾向を示しています。

このように、日本の生徒はアメリカの生徒よりはるかに学力が高いにもかかわらず、アメリカの高校生の65・６％が自分は勉強が得意だと答え、日本の高校生で自分は勉強が得意だと答えた者はわずか23・４％にすぎません。

結局、欧米人は勉強ができなくても「自分は勉強が得意だ」と答える傾向があるわけですが、日本人は勉強ができても「自分は勉強が得意だ」とは答えない傾向があるのです。

ここから言えるのは、欧米人の自己肯定感の高さは、自分を過大評価する心理を反映しているにすぎないということです。

もうひとつ根拠を示すことにしましょう。

前出の国立青少年教育振興機構が2017年に実施した「高校生の心と体の健康に関する調査」では、「私は価値のある人間だと思う」といった項目のほかに、「私は怒った時や興奮している時でも自分をコントロールできるほうだ」という項目が含まれています。この項目を肯定する高校生の比率は、日本人の63・6％に比べてアメリカ人は81・6％とはるかに高くなっています。

では、実際にアメリカの高校生の方が日本の高校生よりも、怒ったときや興奮したときの衝動をコントロールできているのでしょうか。アメリカの映画やドラマをみると、アメリカ人はすぐに興奮し、感情的になり、物を叩いたり、怒鳴ったり、人につかみかかったりするように思うのですが、実際にはどうでしょうか。

この調査では、自分の日常的な感情面についての質問もあります。そのデータをみると、「物を投げたり、壊したりしたくなる」という高校生の比率は、アメリカの28・6％に対して、日本は14・7％であり、ほぼ半分になっています。「人を責めたり、叫んだりしたくなる」という高校生の比率も、アメリカの23・１％に対して、日本は13・５％と、著しく低くなっています。「誰かを殴ったり、傷つけたりしたくなる」という高校生の比率も、アメリカの26・４％に対して、日本は９・６％で、２・５倍以上の開きをみせています。

結局、アメリカの高校生は、日本の高校生と比べて、自分の衝動をコントロールすることが苦手で、他人に対して攻撃的であるにもかかわらず、自分をコントロールできると思い込んでいるのです。

このような自己肯定感の高さを日本人は見習うべきだというのでしょうか。自分を過大評価し、まったく実態が伴っていないのに「自分はすごい」「自分はできる」「自分に満足」と言い切ることによって自己肯定感の得点が高くなるとしたら、そのような得点を高めようとする必要などまったくないように思います。

## ◆「自分を肯定」しないと生きていけない社会

自己肯定感の国際比較をすれば、欧米人は非常に高く、日本人はそれに比べて極めて低くなる。だから日本人も欧米人を見習って自己肯定感を高めようという発想が、前項の調査結果の比較から、いかに見当はずれであるかがわかっていただけたと思います。

では、なぜ欧米人は自己肯定感が高いのでしょうか。この場合の自己肯定感は、第1章で紹介した、現在使われている自己肯定感尺度（自尊感情尺度）で測定された自己肯定感を指します（33〜39ｐ、64〜67ｐ参照）。

「私は価値のある人間だと思う」とか、「私は自分自身に満足している」、あるいは「自分はダメな人間だと思うことがある」といった項目で自己肯定感を測定した場合、欧米人は、大人も子どもも、前の2つの項目をほとんどが肯定し、3つめの項目は多くが否定します。

反対に、日本人は、大人も子どもも、前の2つの項目を肯定するのは半数にも満たず、3つめの項目はほとんどが肯定します。

なぜ、そのように対照的な結果になるのでしょうか。それは、文化的背景が異なるからです。

どんな人間になってほしいと子どもに期待するかを発達期待と言います。

日本とアメリカの発達期待を調べた調査研究によれば、アメリカの幼稚園・保育園の先生や園児の保護者は、「自信」をもてる子になることが最も大切だとしています。それに対して、日本の幼稚園・保育園の先生や園児の保護者は、「共感・同情・他の人への心配り」ができる子になることが最も大切だとしています。

別の日米比較調査でも、アメリカでは積極的で自己主張の強い子が良い子とみなされ、日本では感情的に安定した温和で素直な子が良い子とみなされることが示されています。

私たち日本人は、幼い頃から、思いやりのある子になりなさいと言われて育つため、思ったことはなんでも自己主張するアメリカ人の様子をみてあきれますが、自己主張できる子になりなさいと言われて育つアメリカ人は、遠慮がちで自己主張しない日本人の様子をみてあきれるはずです。

自己肯定感の高さが著しく異なることの背景として、このような文化的要因があるのです。

欧米社会では、強烈な自己主張をして、ハッタリであっても自分を大きく見せ、自信満々に振る舞わないと生き抜いていけません。遠慮したり、人の気持ちを忖度《そんたく》し自己主張を控えたりしていたら、競争に負けてしまいます。日本が譲り合いの社会なのに対して、欧米は奪い合いの社会です。

そういう社会に生まれてからずっと生きているため、欧米人は遠慮なく自己主張し、自信満々に振る舞うのです。弱みをみせたら付け込まれるので、何をおいてもとにかく自己肯定するのです。

ゆえに、多くのアメリカ人は、「私は価値のある人間だと思う」とか、「私は自分自身に満足している」といった項目は肯定し、「自分はダメな人間だと思うことがある」といった項目は否定することになります。そうしないと生きていけない社会だからです。その結果、自己肯定感は高くなるのです。

一方、日本社会には、謙遜の美徳が深く根づいています。自慢したり、自信満々に振る舞ったりするのははしたないとみなされるため、だれもが「自分はたいしたことはない」と謙遜します。何かで成果を出したときも、「俺はすごいだろう」などと有頂天にならずに、「今回はたまたまうまくいっただけ」「お陰様で何とかうまくできました」といった姿勢を示します。

生まれてからずっとそのような社会に生きているため、私たち日本人は、自己主張して自分を押し出すことは極力控え、謙遜し、お互いに相手を尊重し、譲り合うことで、双方の要求を満たしていくようにします。そのため、国際的な基準で自己肯定感を測定すると、あまり高くならないのです。

先述の国際比較調査で、アメリカの高校生は日本の高校生より勉強ができなくても、「私は勉強が得意な方だ」という者が日本の高校生の3倍近い比率になるのも、そうした文化的要因によるものと言えます。だからといって日本の高校生の学力が低いことが問題だということにはならないでしょう。それと同じく、ハッタリの社会と比べて日本人の自己肯定感が低いというデータが出たからといって、日本人の自己肯定感が低いのが問題だということにはならないのです。

## ◆自己肯定感の追求の仕方は、文化によって違ってくる

このように、アメリカ文化のもとでは、あからさまに自信たっぷりな態度を取ったり、自己の肯定を言葉で表明したりすることは、望ましいことであり、肯定的な意味をもちます。

それに対して、日本文化のもとでは、そのような態度や言明は必ずしも肯定的な意味を

もちません。むしろ、自信たっぷりな言動は控え、自己をあまり肯定しすぎないように気をつけ、謙虚さを示すことが望ましいのであり、そのような姿勢が肯定的な意味をもちます。

だからこそ、欧米人にとっては自尊感情（自己肯定感とほぼ同義）をいかに高めるかが重大な問題なわけで、心理学の世界でも自尊感情に関しては莫大《ばくだい》な数の研究が行われてきました。

ただし、心理学者のクロッカーとパークは、自尊感情の追求はけっして普遍的な人間の欲求ではなく文化的現象だと言います。その証拠として、日本人を引き合いに出し、彼らは他者との関係や結びつきに重きを置き、目立つことよりも溶け込むことを重視するという心理学者ハイネらの知見を挙げています。

そして、日本人は、アメリカ人のようには自尊感情を維持し、守り、高揚《こうよう》させようとするようにはみえないし、自尊感情の追求に多くのコストを払うことはないと言います。さらには、アメリカ人が自尊感情の追求によって不安を軽減することに大きなコストを支払うように、日本人は溶け込むことによって不安を軽減することに大きなコストを支払うのではないかと言います。

クロッカーらは、何かがうまくいかなかったりして自尊感情が脅威にさらされると、自尊感情の高い人は他人の価値をおとしめてでも自分の価値を回復しようとすることを実証しています。アメリカ社会では、他人を引きずり下ろしてでも、自分の価値を高めて、自尊感情を何としてでも高く維持しないとやっていけないのです。

日本は違います。自信たっぷりにみせたり、自己肯定して自分を際立たせたりしなくても、十分に生きていけます。それよりも大事なのは、周囲に溶け込むことです。そのため、いたずらに自己肯定するよりも、周囲の人たちと協調し、良好な人間関係を築くことにエネルギーを注ぎます。

こうしてみると、自己肯定感を高める要因が、欧米社会と日本社会では違っているとみなすべきでしょう。

第1章で、自己肯定感は自分がいる社会への適応力と深く関係することを解説しました。自己肯定感が、社会に適応することによって高まっていくものであるならば、欧米人にとっての自己肯定感は自分を際立たせ、自信満々に振る舞うことによって高まるのでしょうが、日本人にとっての自己肯定感は、周囲の人たちと良好な人間関係を築くことによって高まると言ってよいでしょう。

### ◆じつは日本人の自己肯定感は低くない？

欧米人は、自分はすごいとアピールし、自信満々に振る舞い、自己を徹底的に肯定することによって自己肯定感が高まります。それに対して日本人は、自分はたいしたことないと謙遜し、謙虚に振る舞い、相手を尊重し、良好な人間関係を築くことによって自己肯定感が高まります。

そうなると、日本人の自己肯定感を測定するのにアメリカで使われている自己肯定感尺度（自尊感情尺度）を用いるのは適切ではないでしょう。日本では自己肯定しまくる人は、その尊大さにあきれられ、周囲から浮いてしまうでしょうから、不適応感に苛《さいな》まれ、結果的に自己肯定感は高まらないはずです。

そうであるなら、国際比較調査で、「私は価値のある人間だと思う」「私は自分自身に満足している」「自分はダメな人間だと思うことがある」などといった共通の項目で測定した日本人の自己肯定感が欧米諸国に比べて著しく低いとしても、なんら問題はないと言ってよいのです。

では、日本人の自己肯定感はほんとうに低いのでしょうか?

第1章で紹介したように、私たちが文化的要因を考慮した自己肯定感の測定尺度開発の必要性を学会シンポジウムで提唱したのはもう20年近く前のことですが、いまだ有効なものは開発されていません。そこで参考になるのは、意識化されていない自己肯定感です。

日本人の心には、謙遜の美学が深く根づいているため、意識される形で自己肯定感を測ろうとすると謙遜によって低めの数値になると考えられます。ゆえに、多くの国際比較調査では、日本人は自己肯定感が低いといって問題になるわけです。

でも、直接言葉で表現したものだけが自己肯定感の表れとは限りません。言葉では謙遜しても、心の中では自分をちゃんと肯定できているかもしれません。

心の中でしっかり自己肯定ができていれば、意識されない形で測定された自己肯定感は高くなると考えられます。

そこで、心理学者ペルハムらは、自尊感情を意識化された自尊感情と、意識化されていない自尊感情とに区別しました。そして、両者を測定したところ、両者は無相関であることを発見しました。無相関というのは、まったく関係ないということです。

つまり、**言葉では高い自己肯定感を示しても、意識化されていない自己肯定感が低かったり、逆に言葉では低い自己肯定感を示しても、意識化されていない自己肯定感が高かったりすることも珍しくない**というわけです。

自己肯定感を意識化された自己肯定感と意識化されていない自己肯定感に分けた場合、欧米社会のように自己肯定し自分を強く押し出さないと生きていけない社会では、ほんとうは自信がない人でも自信たっぷりにみせるのが常習化し、意識化された自己肯定感は高くなる、つまり自己肯定感の意識調査では高得点になるはずです。

逆に、傲慢さを嫌い、謙遜を美徳とする日本社会では、ほんとうは自信のある人でも謙遜するのが常習化し、意識化された自己肯定感は低くなる、つまり自己肯定感の意識調査では得点が低くなるはずです。

でも、意識化されていない自己肯定感を測定することができれば、アメリカ人や日本人の自己肯定感をそのままにとらえることができると考えられます。

実際、ＩＡＴ（潜在的連合テスト）で意識化されていない自尊感情を測定した心理学者山口勧《すすむ》らの実験では、日本人とアメリカ人の自尊感情に差はみられないという結果が得られています。

つまり、日本人の心には謙遜の美徳が深く根づいているため、意識調査では欧米人と比べて自己肯定感が著しく低くなるものの、**潜在意識を測定してみると、日本人は欧米人と同じくらいの自己肯定感を保っている**というわけです。

そうであればなおさら、国際比較調査で日本人の自己肯定感の得点が低いという結果が出たとしても、何も問題ではなく、まったく気にする必要がないことがわかるはずです。

### ◆アンケート調査の回答に対する言語文化の影響

意識調査の国際比較データが発表されると、外国の人たちと比べて、日本人は「非常に満足」や「とても自信がある」という断定的な回答の比率が低くなる傾向があります。「やや満足」とか「どちらかというと自信がある」、あるいは「どちらともいえない」といった中間的な回答が多くなりがちです。

そうした傾向に対して、その曖昧さや自信をもって断言できないところが問題だといった識者のコメントがなされることがあります。

その種のコメントを目にするたびに、表面に表れた数字を単純に海外と比べてしまうとは困ったものだ、日本人のデータがこうなるほんとうの理由を理解できないんだなあとあきれるしかありません。

どんな国際比較調査の結果をみても、たとえば、アメリカ人は、「非常に満足」「とても自信がある」などといった極端な回答が多いのに対して、日本人はそうした極端な回答が少ない傾向がみられます。だからといって、客観的に比べたら、アメリカ人の方が満足のいく状態である保証はないし、自信をもってよい状態である保証もないのです。

同様に、自己肯定感の得点は、常に日本人はアメリカ人より低くなりますが、だからといって、その点数を真に受けて、日本人の自己肯定感はアメリカ人より低い、と嘆く必要はないことは、これまで述べてきた通りです。

この種の意識調査では、「どちらともいえない」という判断保留の回答が多いのも、日本人にとくに多くみられる傾向です。私たち日本人は、極端な反応をしにくいだけでなく、どちらとも決めがたい心理に陥りやすいのです。

多くの意識調査を手がけてきた統計数理学者林知己夫《はやしちきお》によれば、国際比較調査では、たとえば「非常に満足」と「まあ満足」を足すと、日本とほかの国で似たような比率になるけれども、「非常に満足」だけを比べると日本人の回答は少なくなると言います。また、「どちらともいえない」「時と場合による」「いちがいにいえない」という回答が日本人には多いのですが、このような煮え切らない回答は外国では少ない。日本人は極端な表現を嫌うのです。その反対の極にあるのがアメリカ人で、非常に極端な回答を好むと言います（林知己夫『日本らしさの構造』東洋経済新報社）。

さらに興味深いことには、日本人でも、日本語で答える場合と、英語で答える場合とでは、回答傾向が違ってくるということです。つまり、日本人であっても、英語で答えると、「中間的回答」が少なくなって、「断定的回答」が多くなり、アメリカ人のような回答傾向になっていく、というのです。

たとえば、筑波大学の学生の場合、日本語で答えたときは、「中間的回答」が58％、「断定的回答」が42％と「中間的回答」の方が多くなりました。ところが、同じ質問に対して英語で答えると、「中間的回答」が29％と大幅に減少し、「断定的回答」が70％と大幅に増加して、大半が「断定的回答」になったのです。

ハワイ留学中の日本人学生でも、日本語で答えたときは「中間的回答」が54％、「断定的回答」が44％なのに、英語で答えると「中間的回答」が37％と大幅に減少し、「断定的回答」が60％と大幅に増加しました。

日本人だけでなく、アメリカ人でも、同様の傾向が確認されています。

たとえば、ハワイ在住の日本語がわかる非日系アメリカ人学生の場合をみても、日本人ほどではないものの、日本語で答えたときは「中間的回答」が45％、「断定的回答」が50％とほぼ半々なのに、英語で答えると「中間的回答」が30％と大幅に減少し、「断定的回答」が70％と大幅に増加しました。

このように、日本語を使うと中間的回答が増え、英語を使うと断定的回答が増えるのです。言語使用がいかに大きく心理に影響するかがわかります。同じ人物であっても、使う言語によって、考え方・感じ方まで変わってしまうのです。

## ◆能力が低い人ほど自分を過大評価する⁉

なぜかできない人物が自信満々で、できる人物の方が慎重で不安げだと感じることはありませんか。

それは、日本人ばかりではないようです。自己肯定感がみるからに高く、自信満々に振る舞う欧米人の中でも、とくに自信満々にみえる人物ほど、その実力はあやしいといった知見が得られています。

それを示す実験を行ったのが心理学者のダニングとクルーガーです。

ダニングたちは、ユーモアのセンスや論理的推論の能力など、いくつかの能力に関するテストを実施し、同時にそうした個々の能力について自己評価させるという実験を行いました。

その際、能力の自己評価に際してはパーセンタイルという指標を用いています。つまり、自分の能力が下から何％のところに位置づけられるかを答えてもらいました。

たとえば、12パーセンタイルというのは、下から12％という意味なので、自分はその能力がかなり低いとみなしていることになります。50パーセンタイルというのは、自分はその能力に関しては平均並みとみなしていることになります。80パーセンタイルというのは、下から80％という意味なので、自分はその能力は相当に高いとみなしていることになります。

実際の成績順に全員を4等分し、最優秀グループ、平均より少し上のグループ、平均より少し下のグループ、底辺グループに分けました。

そして、能力の自己評価と実際の成績を比べたところ、とても興味深い傾向がみられたのです。

まずはユーモアのセンスについてみてみましょう。

底辺グループの実際の平均得点は12パーセンタイル、つまり下から12％のところに位置する、非常に低い得点になりました。ところが、底辺グループの自己評価の平均は58パーセンタイルで、自分は平均より上だとみなしていました。

わかりやすく言えば、ユーモアのセンスについては、底辺グループはかなり低い能力しかないのに、自分は平均以上の能力があるというように、自分の能力を著しく過大評価していたのです。

それに対して、最優秀グループでは、そのような過大評価はみられず、むしろ自分の能力を実際より低く見積もる傾向がみられました。

もうひとつ、論理的推論の能力についてもみてみましょう。

底辺グループの実際の平均得点は12パーセンタイル、つまり下から12％に位置する、非常に低い得点でした。ところが、底辺グループの自己評価の平均は68パーセンタイルで、自分は平均よりかなり上だとみなしていました。

わかりやすく言えば、論理的推論の能力についても、底辺グループは、かなり低い能力しかないのに、自分は平均よりかなり高い能力があるというように、自分の能力を著しく過大評価していたのです。

こうした実験結果によって、なぜか仕事のできない人ほどポジティブで、根拠もなく自信をもっていることが裏付けられました。

できない人ほど楽観的で、自分の能力を実際以上に見積もり、できる人ほど不安が強く、自分の能力を実際以下に見積もる。これは、**できる人の方が、現実の自分自身や状況を厳しい目で見ているため、自分を過信し楽観視するよりも、不安が強くなる**ためでしょう。

それがさらなる成長の原動力ともなっているのです。

さらに、追加の実験も行ったダニングとクルーガーは、能力の低い人物は、自分が能力が低いということに気づく能力も低いと結論づけました。

単に自己を肯定するように導けばいいというわけではないということは、こうした知見からも明らかです。

### ◆欧米は、よくほめるがしつけに厳しい社会

自己肯定感がみるからに高いアメリカ人の真似をしてほめて育てるやり方を取り入れた。にもかかわらず、日本人の自己肯定感が一向に高まらないどころか、むしろ自分の衝動をコントロールできず、傷つきやすく心が折れやすい子どもや若者が増えている――その背景には、父性原理の強い社会と母性原理の強い社会という文化の違いも関係しています。

欧米のように子どもを厳しく鍛える父性原理の強い文化においてほめるのと、日本のように子どもに甘い母性原理の強い文化においてほめるのでは、ほめることの効果がまった

く異なってくるからです。

それなのに、そうした文化的背景の違いを考慮せずに、「アメリカは進んでいる」「日本は遅れている」「日本もアメリカのようにすべきだ」などと、欧米コンプレックスに突き動かされて、ほめて育てるということをしてしまったのです。

欧米では、小学校１年生から実力が不足していれば留年させますが、日本では、高校生や大学生ですら「みんなと一緒に進級できないとかわいそう」ということで、実力不足でも単位を与えて進級させてしまうことがあります。日本で小学生でも実力不足だったら留年させるなどと言ったら、「そんなのはかわいそうすぎる」と猛反対されるでしょう。

欧米では、親子といえども個としてきちんと切り離されており、乳児の頃から親子別室で寝ますが、日本では、乳児どころか小学生になっても親子が一緒に寝ることもあるほど親子が分離されず、密着しています。

ゆえに、欧米では、わが子であっても幼児と一緒に入浴すると幼児虐待として通報されてしまいますが、日本ではわが子が幼児どころか小学生になって一緒に入浴してもとくに異常とはみなされません。

欧米では、まだ分別のつかない子どもを親は厳しくしつける義務があるため、子どもに対して親は権威をもたねばならず、子は親に絶対的に従わなければいけません。一方、日本では、子どもが言うことを聞かないと親が子に「お願いだから言うことを聞いてちょうだい」とお願いしたり、「明日はちゃんと食べるよね」と譲歩したりしてしまいます。親は子どもに対して権威をもって接しているとはいえません。

そうした文化の違いを無視して、ほめるということだけ取り入れた結果、ほめるばかりで厳しく鍛える機能が欠如した社会が２０００年代以降の日本に出現してしまったのです。

欧米のように親子が心理的に切り離され、厳しい競争原理が働いている、父性原理の強い社会では、ほめることで鼓舞《こぶ》して頑張らせても、力を発揮できなければ即座に切り捨てられます。厳しい父性原理によって子どもも若者も鍛えられていきます。

一方、日本のように親子が心理的に密着しており、力を発揮しなくても切り捨てられることのない、母性原理の強い社会では、子どもや若者を鍛えてあげるために、言葉だけでも厳しいことを言う必要があったのです。

ところが、そうした文化的背景を考慮せずに、厳しいことを言うと傷つけるとか、ほめれば自己肯定感が高まるなどといって、ほめることばかりを優先してしまったため、子どもや若者を鍛えてあげる機能が欠落し、傷つきやすく、心が折れやすい子どもや若者が増えてしまいました。これでは自己肯定感が高まらないのも当然です。

厳しい父性原理なしに「ほめて育てる」ということをすると、つぎのようなデメリットがあると考えられます。

・ほめてもらえないと、やる気をなくす心がつくられる
・失敗を恐れる心がつくられる
・失敗を認めたくない心がつくられる
・耳に痛い言葉が染み込まない心がつくられる
・注意されると反発し、自らを振り返らない心がつくられる
・思い通りにならないとすぐに諦める心がつくられる

そうなると、ほめられることによって一時的には自信になるかもしれませんが、それは脆《もろ》く傷つきやすい自信であり、真の自己肯定感につながる自信にはならないのです。

### ◆ポジティブ一辺倒では解決できないこと

第1章で、小学校や中学校で、先生がいたずらっ子を注意したところ、叱られたショックでその子が不登校になるだけでなく、そこに居合わせたおとなしい子までがショックを受けて不登校になったという事例を紹介しました。

かつてのように悪いことをしたら親も教師もきちんと叱っていた時代なら、叱られたから学校に行けないとか、同級生が叱られるのを見たから学校に行けないというようなことはありませんでした。それは、悪いことをすれば叱られるのが当然と思っているからというだけでなく、叱られて落ち込むというネガティブな心理状態から立ち直る心理プロセスを何度も経験していたからでしょう。

ところが、親も教師も自己肯定感を高めるために、うっかり気持ちを傷つけて一時的にでも自己肯定感を低下させないようにと、ほめるばかりで叱ることをしなくなりました。

そのため、悪いことをしたら叱られるのが当然といった意識はなく、叱られて落ち込むネガティブな心理状態をほとんど経験せずに育ってきたため、ネガティブな心理状態に耐えられず、そこからなかなか立ち直ることもできないのです。

学校だけではありません。お稽古ごとでもスポーツ教室でも、先生やコーチは、うっかりきつい指導をしたりすると、子どもたちが傷つき、保護者からクレームが来るため、いつも笑顔でやさしく声をかけるように気をつかっています。それでも、大会や発表会が目前に迫ってきたとき、熱心な先生が、何とかうまくできるようにしてあげたいと思っていつもより厳しい指導をしたところ、子どもたちが傷ついてしまい、保護者も不満に思い、結局、大会後や発表会後に多くの生徒がやめてしまったというようなことも起こっているようです。

こんな調子であるため、企業などで若手社員を戦力になるように育てようとして、仕事のやり方が間違っていると注意したり、至らない点を指摘したりすると、ネガティブな気分に耐えられず、上の世代の想像を絶するくらいに傷ついてしまうのです。

そして、ショックで落ち込み、仕事が手につかなくなったり、ひどいときは翌日から休んでしまったりします。あるいは、逆ギレして攻撃的になり、パワハラだと騒ぎ立てたりします。

そのため、これでは戦力になるように鍛えることができないと嘆く管理職や経営者の声を聞くことが多くなりました。

ネガティブな気分に耐えられない若者は、注意や叱責を自分の成長の糧にする気持ちの余裕がありません。当然のことながら、それでは真の自己肯定感も高まりません。

もちろん今でも、親から厳しく育てられたり、部活で厳しく鍛えられたりして、心がタフで、いちいち落ち込んだりキレたりせずに、ネガティブな気分に耐えられる若者もいます。そのような若者は、注意や叱責を糧にして成長していくことができるので、結果的に真の自己肯定感を高めていけることが多いのです。

## ◆本来、日本人はネガティブな状況に強い

ある自治体の校長先生たちの会合で講演をした際に、意識調査を行ったところ、叱ったり厳しい指導をしたりしにくくなっている、それと同時に、傷つきやすい、心が折れやす

い、忍耐力が乏しいといった傾向をもつ生徒が増えているという印象を、ほとんどの校長先生が抱いていたことを、第1章で紹介しました。

また、ある自治体からの依頼で市内の多くの幼稚園の教諭を対象とした意識調査を実施した際に、「今の子どもや子育て状況をみていて気になること」について尋ねました。その結果、筆頭に挙がったのが「忍耐力のない子が目立つ」ことで、なんと教諭の64％が気になると答えていました。その数値は2位以下を大きく引き離すものになっていました。

別の自治体で講演した際に、放課後に児童クラブ・子ども教室などの関係者に意識調査を実施して、子どもたちにみられる傾向について尋ねた際にも、「忍耐力のない子が増えていると思う」という項目を肯定する比率が最も高く、86％がそう思うと答えました。子どもの相手を日常的にしている人のほとんどが、忍耐力のない子が増えていると感じているのです。

このように、今の子どもや若者の忍耐力が非常に乏しくなっているのは、紛れもない事実のようです。小学生の暴力事件の急増や小1プロブレムなどと呼ばれている現象をみても、それは明らかです。

もともと日本人はとても忍耐強く、ネガティブな状況に置かれてもしっかり自分を保つことができるところに特徴があったはずです。

歴史上の話になりますが、1579年にキリスト教の伝道のために日本を訪れてから、関ヶ原の合戦を経て徳川家康が征夷大将軍に就任する直前の1603年はじめに日本を去るまで、3度にわたって日本滞在を経験したヴァリニャーノというイタリアの宣教師がいました。

彼は、「日本諸事要録」(『日本巡察記』所収)の中で、日本人は感情を表すことには非常に慎み深く、人づきあいにおいてもネガティブな感情を剥き出しにしないため、他の国々の人たちのように街角や自宅で声を上げて人と争うのをみることはないと記しています。

日本人の忍耐強さについても、つぎのように述べています。

「日本人はきわめて忍耐強く、飢餓や寒気、また人間としてのあらゆる苦しみや不自由を堪え忍ぶ。それは、もっとも身分の高い貴人の場合も同様であるが、幼少の時から、これらあらゆる苦しみを感受するよう習慣づけて育てられるからである」(ヴァリニャーノ

松田《まつだ》毅一《きいち》他訳『日本巡察記』東洋文庫）

さらに、日本人は非常に思慮深く、ヨーロッパ人と違って、悲嘆や不平あるいは窮状を語るにしても感情に走らないとし、日本人は信じられないほどの忍耐強さをもっているとしています。

日本人の精神を解説した『武士道』を著した新渡戸稲造は、日本では克己《こっき》ということに価値が置かれ、逆境にあっても心の乱れを表に出さないようにすると指摘していますが、そうした文化的伝統は、今でもしっかり息づいています。

日本に駐在する外国人記者たちと懇談した際に、事故や災害に遭ったときの日本人の感情抑制についての話題をもち出すと、ある外国人記者は、被災地に取材に行ったときに被災者がこっちに気をつかってくれたのに驚いたと言いました。被災者は、自分がとんでもないほど大変な状況に置かれているのに、「自分はわからないから」と言って、どこのだれに聞くといいと教えてくれたり、いろいろ気づかってくれたりして感動したと言います。

別の外国人記者も、ほかの国だったら、子どもみたいに感情的になって自分の窮状をアピールするのに、日本人は感情的にならないのが不思議だと言いました。

たしかに、海外で災害や事故が起こった際の報道では、被災者が感情をあらわにして自分の窮状を訴える光景をよく目にするはずです。でも、多くの日本人は、相手を困惑させたくない、相手に心理的負担をかけたくないといった思いから、自分のネガティブな感情を抑制します。さらには、自分が被災者なのに、被災していない相手のことまで気づかうのです。

感情を抑えずに怒りや悲しみをストレートに表現する欧米などの文化に対して、日本ではとんでもないほど悲惨な目に遭っている被災者でさえ、感情をできるだけ抑制して相手に気をつかわせないようにする。そこに日本流の美意識があります。

そうした忍耐強さが日本人の特徴だったはずなのですが、表面的な自己肯定感を高めるために子どもの心を傷つけないようにしよう、たえずほめてポジティブな気分にさせようといった子育てや教育のせいで、子どもや若者の忍耐力が低下しているとしたら、それは本末転倒と言えるでしょう。

# 第3章

# 「自己肯定感が高くないと幸せになれない」という幻想

### ◆承認欲求の強さと自己肯定感

人から認められるという経験は、自己肯定感を高めてくれます。勉強で良い成績を取ったり、スポーツで活躍したりして、周囲の人たちから実力や努力を認められれば、自己肯定感は高まるはずです。

ただし、自己肯定感が高くないといけないといった圧力が強まっているせいか、承認を得ようと必死な人が目立つようになってきました。そこに登場したのがSNSです。

自分の思うことをツイッターにツイートして、「いいね！」がつくことで承認欲求を満たそうとする人。

面白い写真を撮り、インスタグラムに投稿して、「いいね！」をもらえることで承認欲求を満たそうとする人。

SNSで必死になって発信している人たちは、自己肯定感を高めようと勝負に出ているといった感じがあります。

心理学の調査研究によっても、承認欲求が強い人ほどツイッターやインスタグラムを使い、常時スマートフォンに接していることが証明されています。

また、承認欲求が強いほど「いいね！」の反応がないと傷つき、「いいね！」がついても数が少ないとネガティブな気分になることも明らかになっています。

別の心理学の調査研究では、インスタグラムへの写真などの投稿で承認を求めようとする傾向は抑うつと関係があることが証明されています。つまり、インスタグラム投稿で承認を得ようとすると、うまくいかないことも多いため、うつ的な気分に陥りやすいのです。

バイトテロという言葉もあるように、みんなをアッと言わせようという思いから、アルバイト先で悪ふざけしているところを自撮りしたり仲間に撮ってもらったりして投稿した結果、とんでもないことだとして炎上し、責任を問われる若者が後を絶ちません。

バイト先に限らず、公共の場で禁じられている行為をしている自分の写真を投稿したりして炎上し、罪に問われる若者についての報道もしばしば目にします。

悪ふざけをしているのがばれたら責任を問われて大変なことになるというのは、冷静に考えればわかりそうなものなのに、そうした冷静さを失わせるほど、承認欲求に突き動かされているのです。

このような事例を目にするたびに、自己肯定感が高くないといけないといった圧力にさらされ、必死になって承認を求めて苦しんでいる人がいかに多いかを思い知らされます。

### ◆大事なのは、ほめることではなく、認め信じること

ほめることで自己肯定感を高めようとするのが、日本人にとっていかに勘違いにもとづいた発想であるかについては、すでに説明しました。

そのようなほめられ方で喜ぶのは、もともと向上心の乏しい人くらいであり、そのような人は頑張って成果を出すことが少ないため、ほめられることで気分が舞い上がっても、最終的に真の自己肯定感が高まることは期待できないのです。

たいして頑張っていないのにほめられれば、一時的にはいい気分になっても、好ましい影響があるとは思えません。むしろ「適当でいいんだ」「こんな程度でいいんだ」と思う怠惰《たいだ》な心が育ったり、「どうせ期待されていないんだ」「自分の能力はこの程度なんだ」と、自分の能力に懐疑的になったりすることが考えられます。

そこで大切なのは、たとえ結果が出なくても頑張っていることを認めてあげること、そ

して、失敗してもそれを反省し、今後に生かそうとする姿勢を認めてあげることです。向上心をもって一生懸命に取り組んでいける人間なのだと信じてあげることです。

日本人は人の目を強く意識しますが、人の期待を裏切りたくないという気持ちが非常に強く、それが大きなモチベーションになると私は考えます。この本はモチベーション論ではないので詳しい説明は省きますが、それを裏づける心理学的研究のデータも出ています。

人の期待を裏切りたくないといった思いが非常に強い私たち日本人は、認められ、信じてもらうことで、期待されていることを肌で感じ取り、前向きに頑張ることができます。前向きに頑張っている自分を感じることは、自分に対する自信を育むことになります。そうした経験の積み重ねが、上辺《うわべ》のものでない、真の自己肯定感につながっていくのです。

### ◆あえて自己肯定しないことの大切さ

上辺だけの自己肯定感に振り回されずに、心の強さや、苦しい中でも前向きに頑張っていく姿勢は、ただ自分の現状を肯定しているだけでは身につきません。

思春期から青年期に、「こんな自分じゃダメだ」「自分をもっとなんとかしなくては」などと、ある意味で自己否定しつつ、なんとか自分を立て直そうともがき苦しむ中で、自己形成が進んでいきます。そのようにもがき苦しみながらも成長しつつある自分を感じることが、真の自己肯定感につながっていくのです。

児童期までは自分を肯定する子が多いのに、思春期になると自己否定的な心理に苛《さいな》まれ、自己嫌悪に陥ることが多くなってきます。思春期から青年期は、親によってつくられてきた自分をいったん棚上げして、自分なりの価値観をもとに、自分をつくり直すという人生上の大きな課題に直面するからです。

心理学者の元永拓郎《もとながたくろう》は、自己肯定感を特集する心理学の雑誌の中で、自らの学生時代の苦しさについて、つぎのように述懐しています。

「自己肯定をしない学生時代はある意味、苦しいものであった。その苦しさの中で『自己肯定』しながら生きてきたのもまた事実であると思う。もっとも当時は『自己肯定』という言葉を重んじなかった。逆に自分を肯定してはだめだと思っていた。そんな中でも自分が認められる瞬間はやはり嬉しかったのだから、そんな瞬間の集まりを手繰《たぐ》り寄せながら、自己肯定の感覚を紡《つむ》いでいたのだと思う」（元永拓郎「自己肯定感の育つ環境」『児童心理』

２０１４年６月号所収）

私自身の学生時代を振り返っても、自分の進むべき方向に迷って大学から姿を消していく友だちがいたり、同じく自分を見失い、留年して哲学や精神分析の書物を読みふける友だちがいたり、そんな友だちと語り合いながら理系から文系への転部を考える自分がいたりと、多くの学生が自分の現状を否定しながら、どうすべきか悩み、もがき苦しんでいました。

自分の現状に「このままではダメだ」と思い、もがき苦しみながら自分の道を見つけ、軌道修正する。しばらくすると、また「このままではいけない」という心の声が聴こえてきて、再度もがき苦しみながら自分の道を見つけ、軌道修正する。そうしたことの繰り返しが「自分の人生」を歩むということではないでしょうか。

自分の現状をそのまま受け入れて肯定するだけでは、なかなか自分なりに納得のいく人生になっていかないように思います。現状に甘んじ、今の自分を肯定することで上辺だけの自己肯定感を維持しようとしても、真の自己肯定感は手に入らないのです。

その意味でも、安易に自己肯定を促す今の教育環境は好ましくないと言わざるを得ません。そうした教育環境のはらむ問題についても、元永はつぎのような指摘をしています。
「そもそも、自己肯定感が大切だよというメッセージを大人が子どもに与えるほど、子どもは自己肯定するふりをして大人を喜ばすことになりかねない。『自己肯定感』にまなざしが集まりすぎる環境では、自己肯定感は逆にしぼんでいく、または自己肯定のふりが上手になるということに気をつける必要があろう。もっとも、自己肯定のふりをしていると自覚できていればよいが、勝手なストーリーができあがりそれが進行し、自分がすばらしいと完結した自己愛が育まれては、それは教育がめざすことではないであろう」（同）
このところの、ほめるばかり、自己肯定を促すばかりの教育環境は、自分の現状に疑問を抱き、時に現状を否定し、今の自分を乗り越えていこうともがき苦しむ機会を奪っているると言えるでしょう。それは、成長の機会を奪っていることにもなるのです。

### ◆幻想的万能感からの脱却が大切

このように人間の発達というのは、現実の壁にぶつかって幻想を打ち砕かれたり、自分の力不足を思い知らされたりして、自己像を修正しながら進行していくものです。自己肯定だけで進行していくものではありません。

幼い頃は、現実の壁を知らず、自分の実力もわからないため、自分はなんでもできると思い込む、いわゆる幻想的万能感を抱いています。自分の力の及ばないこともあると思い知らされる経験を重ねることで、幻想的万能感から徐々に脱していきます。それに伴い、可能自己が修正されていきます。

幼い頃は、プロ野球選手になりたい、Ｊリーグの選手になりたい、漫画家になりたい、宇宙飛行士になりたい、ケーキ屋さんになりたいなどといった夢をもっていた子どもたちも、現実を知るようになると、多くはそうした夢をあきらめ、より自分の現実に即した可能自己に修正していきます。

可能自己というのは、そうなる可能性のある自己のことで、理想自己、負の理想自己、予想自己などを含みます。

理想自己とは、そうなりたい自己、そうなったらいいなあと思う自己のことです。立派な人物になっている自分、有能な自分、力を発揮して活躍している自分、何かで成功している自分、魅力的な自分などです。

プロ野球選手になっている自分、Jリーグの選手になっている自分、漫画家になっている自分、宇宙飛行士になっている自分、ケーキ屋さんになっている自分なども、自分の状況によっては理想自己と言えます。

負の理想自己とは、そうはなりたくない自己、そうなったら嫌だなと思う自己のことです。親しい人も家族もいない孤独な自分、事業に失敗してどん底の生活をしている自分、仕事を失いホームレスになっている自分などです。

漫画家を目指す人の中には、漫画家として活躍している自分を思い描くと同時に、ふつうの進学や就職をせずに漫画家にこだわり続けた結果、漫画家として目が出なかったときに、まともに稼げる仕事もなく、生活に困っている自分を思い描き、そうはなりたくないと思い、より現実的な可能自己を模索する人もいるでしょう。それは、負の理想自己を思い描くことによる可能自己の修正と言えます。

予想自己とは、そうなっているだろう自己、おそらくこんなふうになっているだろうなと思う自己のことです。理想水準の可能自己が理想自己だとすると、現実水準の可能自己が予想自己です。

理想としては自分の力を発揮して活躍したいけれど、特別な能力もないし、根気もないから、実際は平凡に地味な暮らしをしているに違いないと思うような場合、それは予想自己と言えます。

だれもが成長するとともに、世の中の現実や、自分自身の能力や性格などの現実を直視するようになり、夢のように非現実的な理想自己を捨て、より実現可能性の高い理想自己を掲げたり、より現実的な予想自己を掲げたりするようになります。

このように可能自己を修正していくのがふつうなのですが、非現実的な称賛を受け続けることで、自分自身の現実を知ることができないため、幻想的万能感から脱することができずに、いつまでも自分の実力に見合わない非現実的な可能自己にとらわれ続ける人も出てきます。

その場合、万能感の幻想が打ち砕かれないように、自分の否定的な現実に目を向けないようにする防衛的心理も働きます。それが成長を阻害するということもありますが、極端な場合は、自己愛性人格障害と思わざるを得ない兆候を示すこともあります。

自己愛性人格障害というのは、わかりやすく言えば、病的なまでに自分が大好きな人のことです。

アメリカ精神医学会による精神疾患の診断・統計マニュアルによれば、人格障害とは、その人の属する文化から期待されるものより著しく偏った内的経験や行動が持続的にみられるものを指します。

その一種である自己愛性人格障害とは、自分は特別といった意識を極端に強くもち、自分が活躍する夢を誇大妄想的に抱いているタイプのことです。

だれにとっても自分は特別です。人からほめられたい、自分はほかの人よりも優れたところがある、自分はこんなところに埋もれている人間ではないといった思いは、多くの人の心の中に潜んでいるものです。ただし、そうした意識が極端に強く、誇大妄想的に膨れ上がった場合、自己愛性人格障害とみなされます。

誇大性、称賛されたい欲求、共感性の欠如が自己愛性人格障害にみられる特徴とされていますが、自分はすごいといった思いが強く、称賛されるべき人間だと思っており、人の気持ちには鈍感というのは、きわめて自己中心的な人物と言わざるを得ません。これでは人とうまくやっていけないし、社会適応も難しいでしょう。

いずれにしても、幻想的万能感から脱却できないと、健全な自己肯定感は育まれていきません。

精神科医の妙木浩之《みょうきひろゆき》は、ポジティブなフィードバックばかりが行われる教育環境の問題について、つぎのように指摘しています。

「(前略)ポジティブなフィードバックばかりが行われる教育環境はVery goodかもしれないが、傷や失敗の共有体験がなく他者理解を伴わない肯定感や規範意識になってしまい、権威的な人格や万能的な自己愛を形成するだけである。(中略)肯定と否定、成功と失敗、良いことと悪いことの間にほどよいgood-enoughな体験が前提にされている必要がある」(妙木浩之「自己肯定感と自己愛」『児童心理』2014年6月号所収)

ほめることばかりを教育界に求める風潮がありますが、無理やりポジティブなフィードバックばかりが行われる教育環境に置かれると、自分の限界を思い知らされることがなく、自己愛が増殖し、幻想的万能感からの脱却がスムーズにいかないといったことも起こってくるのです。

## ◆ほめまくることによる誇大自己の病理

ほめる子育て、ほめる教育全盛の日本の現状のもつ問題点について、詳しく解説してきましたが、ほめることで自己愛過剰の病理が生じることについては、アメリカでも問題視されています。

アメリカは、父母ともに子どもに厳しくしつけをする伝統がありますが、その厳しさが行き過ぎて、子どもの虐待が日常的に行われ、目に余るようになっていたため、１９７０年代に子どもの人権を守る運動が起こりました。

そして、子どもに対する虐待防止が意識され、体罰より言葉で説得することが推奨されるなど、しつけの過酷さも低減してきました。

ただし、日本の親と違い、欧米の親は子どもに対して君臨する権威であり、日本の親は子どもの気持ちを中心に動きますが、アメリカの親は自分の権威を中心に動きます。あまり日本では知られていませんが、アメリカでは、子どもとして納得のいかない叱られ方をしても、反論を許さないような権威を大人がもっているのです。

社会学者の恒吉僚子《つねよしりょうこ》は、自分が大人であるという権威にしつけの拠《よ》り所を求めるアメリカ流のやり方を「権威型叱責法」、子どもの感情や罪悪感に訴えることで行動を変えさせようとする日本流のやり方を「感情型叱責法」として、両者を対比させています。ただし、感情型というと感情に任せて怒るというように誤解される恐れもあるため、私は、日本流の叱り方を「気持ち重視型叱責法」と呼んでいます。

さて、アメリカでは親も教師も子どもをよくほめるということから、日本でもほめ育てをするようになった経緯は第2章で説明しました。その際、父性原理の強い厳しい社会であるアメリカと母性原理の強い甘い社会である日本の文化的背景を無視して、ただ真似たのが間違いだった、ということもすでに指摘しました。

ただし、そのアメリカでも、ほめることの弊害が指摘されるようになってきました。

たとえば、心理学者トウェンギとキャンベルは、つぎのように注意を促しています。

「ほんのちょっとしたことができただけで、ときにはうまくできなかったときでさえも、子供を褒めそやすのだ。本当は駄目なのに自分をすばらしいと思うのはナルシシズムへの近道なのだが、多くの親と教師はそれを自尊心と呼び換えて日々子供を励ましている」

「残念ながら、褒めすぎは期待されるほどの良策ではない。ナルシシズムの原因になりうるばかりでなく、かえって子供の足を引っ張ることにもなる」（ジーン・M・トウェンギ W・キース・キャンベル　桃井緑美子《ももいるみこ》訳『自己愛過剰社会』河出書房新社）

そして、親が子どもをやたらほめることの弊害について、アメリカでも最近の学生は「自分は特別」という思いが強く、忍耐力が低下していると指摘されています。実際に、特別意識が強く、地道に頑張ることができないナルシシスト的な若者たちに尋ねると、自分の親は甘く、自分をべたぼめしたという人が多いと言います。

このように、日本が1990年代頃から取り入れたほめて育てる方法は、発祥の地アメリカでも、その悪影響が指摘されているのです。

アメリカのような厳しい父性原理を背景とした社会でもほめて育てることが自己愛過剰につながるなら、父性原理がほとんど機能しなくなっている日本では、よりいっそう深刻な悪影響が出るのは当然です。そして、実際にその悪影響が出ていることは、これまでに指摘してきた通りです。

精神病理学者のカーンバーグは、誇大自己をもつ人にとっては、周囲の人々は称賛してくれるのでない限り価値がないと言います。

誇大自己というのは、自己愛性人格障害に典型的にみられる自己のあり方で、自分は特別重要なのだといった自己誇大感を伴い、限りなき成功を求めたり、尊大に振る舞ったり、人を平気で利用したりする心理的傾向を指します。

劣等感を重視する個人心理学の創始者アドラーも、自己愛的な誇大自己を掲げる人の問題点を指摘しています。彼らは、ほんとうは自信がなく、劣等感の強い自分を見抜かれないように、人との接触をできる限り避けようとし、ますますほかの人たちから孤立することになり、それが自己肯定感を低下させるといった悪循環に陥りやすい、と。

このところよくみられる引きこもり傾向も、ほめるばかりの子育てや教育によって、ナルシシズム的な傾向に陥り、称賛してくれない他者を避けようとしたり、ほんとうは自信のない自分の内面を見抜かれないように人との接触を避けようとしたりする心理が関係していると考えられます。

若者が異質な他者を避けて似た者同士で固まろうとするのも、承認欲求を満たして自己肯定感を高めようとする試みとみることができます。でも、承認欲求に突き動かされている限り、自己肯定感は高まりません。第1章でも解説したように、自己肯定感のベースには社会への適応力があります。周囲のさまざまな異質な他者ともうまく関われるようにならない限り、真の自己肯定感は手に入らないのです。

## ◆社会性を身につけることで自己肯定感が高まる

人とうまくやっていけるかどうかは、人間関係を重視する日本ではとくに、自己肯定感を大きく左右する要因と言えます。

自分を押し出すことを重視するアメリカでは、自信をもつこと、そして堂々と自己主張することができれば、自己肯定感が高まります。

それに対して、思いやりをもって人と協調することを重視する日本では、人に気をつかうことができ、人とうまくやっていくことができれば、自己効力感（「自分はやればできる」と思える心理のこと）が高まり、それが自己肯定感につながっていきます。自己効力感については、のちほど説明します。

どちらの場合も、その社会で求められる性質を身につけることが自己肯定感につながっていくわけです。

属する社会から求められるものといえば、社会規範があります。してはいけないことはしない、しなければいけない義務は果たすといったものです。

学校なら、宿題をちゃんとやる、掃除当番をさぼらない、友達が嫌がることはしない、授業中に勝手なおしゃべりをしない、というようなことが求められます。

このような社会規範を守れている子は、社会性をちゃんと身につけているという意味で、周囲からの承認が得られるため、自己肯定感が高まります。

今は社会規範を守れなくても教師から厳しく叱られることがないため、とくに何も感じない子が少なくないかもしれませんが、やるべきことをやらず、してはいけないことをしてしまう自分を心の中で肯定している子はいないでしょう。

ゆえに、社会性を身につけ、社会規範をちゃんと守れるように、親や教師がしっかりしつけることが、子どもたちの自己肯定感の向上につながっていくのです。授業中に騒いだり、友だちにちょっかいを出したりして、社会規範に反する行為があっても、傷つけてはいけないといって叱らなかったり、元気がいいね、などとほめたりしていては、けっして自己肯定感は高まりません。

ただし、社会規範に則った行動を取る場合も、「叱られるからやる」「叱られるからやらない」というのは、まだ初歩的段階です。

はじめのうちはそうであっても、そのうち社会規範が内面化され、「自分には責任があるからやる」「人に迷惑をかけるからやらない」というようになっていきます。自分には掃除当番としての責任があるから掃除当番の仕事をやる、人に迷惑をかけるから人を傷つけるようないたずらはしない、というように。

このように社会規範が内面化されることで、社会への適応感が高まり、自らの社会性に誇りを感じるようになっていきます。

そうしてみると、親や教師が子どもたちの社会化を厳しく促すことは、真の自己肯定感を高めるうえで、とても大切なことなのです。

## ◆自己嫌悪の効用

たいして仕事ができないのになぜか自信満々な人がいるのに対して、仕事で成果を出しているのになぜか自信なさそうな人もいて、周囲の人たちが首をかしげることがあります。その理由のひとつに、前者は下方比較をするクセがあり、後者は上方比較をするクセがある、ということが挙げられます。

下方比較というのは、自分より劣る人と比べることを指します。これは、自己高揚動機にもとづいて行われるもので、劣った比較対象のおかげで優越感や自分に対する満足感が得られます。

自分よりできない人物と比べることで、「自分の方がずっとよくできる」と思えるし、うまくいかなかったときも、「あいつよりはマシだろう」と思えるため、とりあえず自己を肯定することができます。

成果が出せなかったり、失敗が続いたりして、自己肯定感が低下しそうなとき、自分より劣った人物と比較することで気持ちの落ち込みを防ぎ、自己肯定感の維持を図る。それが下方比較の効用であり、ひどく傷ついたときの一時的な対処法としては有効ですが、これにばかり頼っていると、成長路線からいつの間にか逸《そ》れていってしまいます。

ふだんから「自分の方がマシだ」といった思いを感じることが多いという人は、下方比較のクセを身につけてしまっている可能性があるので、注意が必要です。

一方、上方比較というのは、自分より優れた人と比べることを指します。これは、自己改善動機にもとづいてなされるもので、優れた比較対象は、「あんなふうになりたい」という目標としての意味をもちます。

自分より優れた人と比較することで、「自分は、まだまだだ」といった思いに駆られ、優れた人を意識するたびに、「もっと頑張らないと」と思わざるを得ないため、適切に活用すれば、向上心を燃やし続けることができます。

上方比較には向上心を刺激する効果があります。ほんとうに仕事ができる人、あるいは「できる人」になるための成長軌道に乗っている人は、無意識のうちに上方比較をしているものです。

トップアスリートたちが、優勝インタビューなどで、「自分はまだまだ力不足です」と口にしたりするのは、自分より実力が上の人物や今回よりさらに上の記録と比較している、つまり上方比較をしているからです。自分の現状に満足せずに、「上には上がいる」と思うことで、向上心を燃やし続けることができます。

自分より上の人と比べて「自分はダメだ」と自己嫌悪に陥る人がいますが、自分が無意識のうちに上方比較をしていることに意識を向けるべきでしょう。それは、モチベーションが高い証拠です。

低いレベルで「これで十分」と自己肯定してしまえば、それ以上の成長は望めませんが、「自分はまだまだ力不足だ」と自分の現状に満足しなければ、さらなる飛躍が期待できます。仕事力でも、人間的魅力でもなんでもよいのですが、なんらかの点で自分より明らかに上の人物を目標にし、それと比べてまだまだ未熟で至らない自分に、時に自己嫌悪する。これがないと安易に自己肯定するばかりで成長していけません。

このようにみてくると、自己嫌悪するというのもけっして悪いことではありません。前述したように、向上心が強いことの裏返しでもあります。

自己嫌悪し、重苦しい気分に押しつぶされそうになることもあるかもしれません。そんなときこそ、これは自分の中に強い向上心があるからだと自分に言い聞かせましょう。そうすることで気分は浮上し、前向きに頑張る力が湧いてくるはずです。

## ◆現状否定があってはじめて個性は開花する

こうしてわかるのは、現状を肯定するばかりでは成長できないということです。

勉強でも、スポーツや吹奏楽《すいそうがく》などの部活でも、仕事でも、「自分はまだまだ力不足だ」「自分には足りない点がまだまだある」と思い、「今の自分を乗り越えていかないとダメだ」と強く思うからこそ、着実に力をつけていくことができるのです。「今のままでいい」「そのままで十分だ」と思ったら上達はありません。

現状を乗り越えようという努力が成長につながり、そのように頑張っている自分を感じられるとき、真の自己肯定感が高まっていきます。いくらほめられ、「今のままでいい」「そのままで十分だ」と言われても、頑張っていない自分、成長していない自分を感じたら、なかなか自己肯定できるものではありません。

自分の現状に満足せず、がむしゃらに動くことで、潜在能力が開発されていきます。そうした地道な努力を積み重ねていく中で、徐々に個性も開花していくのです。

もうひとつ覚えておいてほしいのは、**「こんな自分じゃダメだ」というのは、表面上は**

**自己否定であっても、ほんとうに自己否定しているわけではない**ということです。

そこには**自分に対して期待する気持ち**があります。自分に期待しているからこそ、もっとマシな自分になろうと思うのです。さらに言えば、**期待に応えられる自分だと信じているからこそ、今の自分じゃダメだと思える**のです。

そこにあるのは、向上心、そして深い意味での自己肯定です。

## ◆自尊心（自己肯定感）の本質は自己効力感

学力テストの成績の良い子は自己肯定感が高い。だから、自己肯定感を高めることが大切だという論法はおかしいのではないかと、第１章で指摘しました。

成績が良くなっていけば自己肯定感は高まっていくでしょうし、反対に成績が悪いということが続けば自己肯定感は低下していくでしょう。つまり、自己肯定感が高いのは、成績が良いことの原因ではなく、結果だということです。

これは、自己効力感が自己肯定感につながっていくということでもあります。

自己効力感とは、わかりやすく言えば、「自分はやればできる」という感覚です。「やればできる」という体験が積み重なることで、自分に対する自信が深まっていくというのは、わかる気がするという人が多いのではないでしょうか。

とはいえ、「こうすればうまくいく」ということがわかっていても、なかなかそのようにできないというのもよくあることです。

たとえば、甘いものを控えて適度な運動を毎日続けていればダイエットがうまくいくということがわかっていても、「今日くらいいいだろう」と思い、つい甘いものを食べたり、運動するのをさぼったりしてしまうことが続けば、ダイエットはうまくいきません。そうなると自己効力感は低下してしまいます。

反対に、甘いものを控え、適度な運動を毎日継続することで、ダイエットに成功すれば、「自分はやればできるんだ」と自信をもつことができ、自己効力感を獲得することができます。

心理学者のホワイトは、自尊心の本質は自己効力感だと言いますが、これも「やればできる」といった自己効力感が自己肯定感につながることを指摘するものと言えるでしょう。

きつい状況に追い込まれても、諦めずに頑張ることによって、何とか逆境を乗り越えることができた。そうした経験を積み重ねることで、「自分はやればできるんだ」という自己効力感が手に入るのです。

その意味でも、子どもが失敗しないように、挫折して傷つかないようにと過保護になるのではなく、うまくいかないときにも諦めずに頑張れるように導くことが大切です。

ただ、そうはいっても、いくら頑張っても結果につながらないときもあります。そんなときでも自己効力感を失わないようにするには、結果よりもプロセスに目を向けるように促すことが大切です。一生懸命に頑張ったことのすがしさや充実感に目を向けさせるのです。頑張ったという姿勢を認めてあげることも大切です。

それによって「頑張れる自分」を感じることができ、たとえ望むような結果が出なかったとしても、自己効力感が培われていきます。

### ◆だからこそ、自己肯定感を高めようとしてはいけない

人生は思い通りにならないことの連続です。試験で良い成績が取れない、受験で落ちる、部活でレギュラーになれない、友だちから嫌われる、なかなか親しい友だちができない、

好きな人に相手にされない、希望する就職先に受からない、上司から評価してもらえない、同期に差をつけられる……などなど、いくら頑張っても結果として報われないこともたくさんあります。

そんなとき、一時的に落ち込み、自己肯定感が低下するのは、だれでもふつうにあることです。それにもかかわらず、常に自己肯定感は高くないといけないといった意識があると、自分がダメ人間のような気分になり、ひどい落ち込みに襲われたり、うつ的な状態に陥ったりすることもあります。

結局、自己肯定感は高くないといけないと思うことによって、自己肯定感が低いことを気に病み、ますます自己肯定感が低下するといった悪循環に陥ってしまうのです。

第2章で、アメリカ社会でも、自己肯定感（当時は自尊感情という言葉が使われていました）を高めようという運動が広まってから、抑うつ、ナルシシズム、不安などの問題がよりいっそう深刻化したことを紹介しました。

それを受けて自己肯定感を強化しようというプログラムが実施されましたが、ほとんど効果がなく、多くの人を落胆させたと心理学者たちが結論づけたのは、２０００年代のはじめの頃でした。

その後、そうした現状を踏まえて改善策が考えられたことで、自己肯定感が上昇しているとの報告もあります。このような紆余曲折《うよきょくせつ》をみると、自己肯定感を無理して高めなければいけないといった思いに人々を追い込むことの弊害は明らかです。

自分を肯定し、自分を主張していくのをよしとするアメリカ社会でさえ、そうした弊害が指摘されているのです。

ましてや自己を過大に肯定せず謙虚に生きるのがよいとされる日本では、自己肯定感が低い人が圧倒的な多数派です。にもかかわらず、自己肯定感が高くないといけないなどと言われたら、大半の人が自分の自己肯定感が高くないことを気に病み、うつうつとした気分になってしまうでしょう。

この章でみてきたように、自己肯定感は、人生を前向きに、かつ精いっぱい生きることで、結果として自然に高まっていくものです。無理に高めようとするようなものではありません。無理に高めようと意識すれば、自己肯定感が高まらないどころか、かえって低下してしまう恐れがあります。このことをしっかり頭に入れておきましょう。

# 第4章

# 成功者・一流アスリートがもつ
# 真の自己肯定感とは？

## ◆成功者ほど、安易な自己肯定をしない

成功者ともなると、やはり自己肯定感が高いだろうとだれもが思うはずです。人並みはずれた努力を続け、目ざましい成果を上げて現在の地位をつかんだ成功者なら、自己肯定感が高くなって当然とも思えます。実際はどうなのでしょうか?

成功者といってわかりやすいのは、著名なアスリートでしょう。彼らは、「自分はすごい」などと自己肯定をしているかといえば、けっしてそんなことはありません。

何かの大会で優勝した個人やチーム主将のインタビューの場面を思い出してみましょう。日本人の場合、けっして自画自賛するようなことはなく、

「今回は、たまたまコンディションがよくて、結果としてうまくいきましたけど、自分なりの課題もみえてきたので、そこを克服するように頑張っていきたいと思います」

というように謙虚な姿勢を示し、運が良かったということを口にしたり、今後の課題を口にしたりします。

「どうなるか不安はあったんですけど、とにかく全力を尽くそうと思って臨みました」

などと、不安だった心の内を吐露《とろ》する人もいます。

さらには、自画自賛するのではなく、支えてくれた人のお陰でこの成功が手に入ったとして、感謝の気持ちを表明するものです。実際、先の東京オリンピックでも、

「本当に楽しかった。みなさんの声援のおかげでここまで来られたし、自分たちもつらい練習を乗り越えられた。オリンピックの舞台を作ってくれた人たちに感謝したい」

（バスケットボール女子銀メダルチームのキャプテン・髙田真希・NHKサイト）

「夢みたいです。今の自分があるのは、関わってくれたすべての人のおかげなので感謝の気持ちでいっぱいです」

（レスリング女子50キロ級金メダリスト・須崎《すさき》優衣《ゆい》・早稲田大学サイト）

多くの国民を魅了しているトップアスリートでさえ、このようにとても謙虚な姿勢をみせ、自己肯定感の高さをあからさまに示すようなことはありません。

それなら、ごくふつうに暮らしている人たちを対象にした意識調査で、自己肯定感の高さを示すような結果が出なくても、当然といえるでしょう。私たち日本人は、あからさまに高い自己肯定感を示すようなことはしないのです。

トップアスリートのインタビューをみればわかるように、いくら成果を出し、称賛されたところで、不安は消えず、新たな課題がつぎつぎに浮上します。そんな不安を払拭すべく自らの課題に真正面から取り組むことで、じわじわと、でも確実に自己効力感が培われ、自己肯定感が高まっていくのです。

そんな例を実際にアスリートの言葉から拾ってみましょう。

## ◆イチローに学ぶ自己肯定感の本質

「もう打てないんじゃないかという恐怖は、常について回るんです。結果を残してきた人ほど不安と戦ってきたはずだし、恐怖心を持っていない人は本物じゃない。

その怖さを打ち消したいがために、練習するわけです」

（『イチロー流　準備の極意』児玉光雄・青春出版社）

メジャーリーグに行っていきなり大活躍し、その後も第一線で活躍を続け、つぎつぎに偉大な記録を樹立してきたイチロー選手のような天才肌のアスリートには、不安などなかったに違いないと思うかもしれません。でも実際は、不安や恐怖と常に闘っていたようです。

しかも、結果を残してきた人ほど大きな不安と闘ってきたはずだし、恐怖心を持っていない人は本物じゃない、とまで言い切ります。

その恐怖を打ち消そうとして練習するのだと言います。

「やれることはすべてやりましたし、どんなときも、手を抜いたことは一度もなかった。やろうとしていた自分、準備をしていた自分がいたことは、誇りに思います」

（『この一言が人生を変えるイチロー思考』児玉光雄・三笠書房）

「打ちたい！」と強く思いながらも、「もう打てないんじゃないか」といった不安が脳裏をよぎる。そんな不安、あるいは恐怖を打ち消そうとして必死に練習する。本番を前に、やれることはすべてやる、思いつく限りのあらゆる準備を怠らない。そんな姿勢が伝わってきます。

不安の効用については、第5章で改めて説明しますが、これらの言葉は、**「できる人ほど不安が強い」**ということを端的に示すものと言えます。不安だからこそ、用意周到に準備するわけです。

そして、それはモチベーションの高さの表れと言えます。モチベーションが低い人は、うまくやりたいという思いが弱いため、不安に脅かされることはありません。

このように、「うまくいかないんじゃないか」といったネガティブな感情を感じるのは、けっして悪いことではなく、むしろ高いモチベーションをもって取り組んでいる証拠と言えます。ゆえに、不安になりがちな自分を否定する必要はありません。むしろ、不安にならず、常に現状を肯定し、そこに甘んじている方が問題だと言えるでしょう。

自己肯定にばかりこだわると、うまくいっていない自分の現実から目を背《そむ》けようといった防衛的な姿勢を取りがちです。それでは逆境を乗り越えるヒントを見つけることができず、成長していけません。

「こういう時に誇れるのは（4000安打の）いい結果ではない。僕の数字で言えば8000回は（凡打の）悔しい思いをしてきたし、それと常に自分なりに向き合ってきた事実がある。誇れるとすればそこじゃないかなと思う」

（『イチロー流　準備の極意』児玉光雄・青春出版社）

これは、前人未到の日米通算4000本安打を達成したときの言葉ですが、うまくいかないときの自分の結果や状態から目を背けず、ネガティブな自分の結果や状態としっかり向き合うことの大切さに通じるものと言えます。

飽《あ》くなき探求心、そして向上心の強さ。常に自分の現状を乗り越えようとするから苦しいし、不安になるわけですが、そうした苦しみや不安と向き合い、格闘することで、少しずつでも成長していけるのです。

このようなイチロー選手の言葉をみていくと、安易な自己肯定感信仰から目が覚めるのではないでしょうか。

## ◆松井秀喜に学ぶ自己肯定感の本質

「試合に出ていれば、打てずに思い悩む日もあります。苦しむ日もあります。幸い打てたとしても、翌日打てるとは限りません。不安の日々です。でも、それが僕の日常なのです」

(『不動心』松井秀喜・新潮社)


これは、松井秀喜選手の言葉です。高校時代から強打者として注目され、ゴジラというニックネームで呼ばれ、その後も巨人軍、さらに大リーグのヤンキースで大活躍した松井選手でさえ、現役時代、このように不安な毎日を送っていたというのです。

イチロー選手のところでも説明したように、「できる人は不安が強い」というのがまさにあてはまります。不安だからこそ用意周到に準備し、うまくいく可能性が高まるのです。不安がなければ、つい慢心し、パフォーマンスが低下する恐れがあります。

「僕も毎日、毎打席、『あの球に手を出してはいけなかった』『フォームが崩れてしまった』などと失敗を振り返りながら過ごしています。

ホームランを打った日でも、球場からの帰り道に考えているのは、凡打した打席だったりします。『成功』よりも『失敗』との付き合いが多くなります。

（中略）失敗との付き合いが上手にできなければ、決して長く活躍することはできないでしょう。

（中略）失敗を悔やみ、反省し、そして次につなげる。このサイクルを毎日繰り返していくしかありません」　　（前同）

失敗すれば、だれでも気持ちが落ち込みます。これ以上落ち込むのは嫌だという思いから、つい失敗したという現実から目を背けたくなります。でも、それでは弱点を克服することができず、さらなる力をつけていくことができません。

野球などのスポーツに限らず、もっと一般的な仕事でも、失敗から目を背けていたら仕事力の向上は望めません。失敗を直視し、改善点を発見し、つぎにつなげていくことで仕事力が高まっていくのです。

メジャーリーグに移籍した1年目の松井選手は、ツーシームというメジャーの投手独特の球種に惑わされ、スランプに陥ります。それでも、思うように打てないという自分の現実から目を背けずに、現実としっかり向き合っています。


「(前略)重要なのは、自分は不器用で野球の素質もないのだと認識すること、つまり己を知り、力の足りない自分自身を受け入れることだと思うのです。

(中略)

だれでも、自分には素質や能力がないとは思いたくないでしょう。僕だってそうです。

(中略)

しかし、やろうと思ってもできないのだから仕方がありません。自分が技術もパワーもない選手なのだと受け入れることは、勇気がいることです。正直に言えば辛い。辛いのだけれど、置かれた状況やありのままの姿を受け入れなければ前に進めないし、問題も解決しません」（前同）

これまでのように物事がスムーズに進まなくなったとき、これまでのような成果を出せなくなったとき、ともすると「こんなはずはない」と現実を認めず、これまでうまくいっていたやり方を続けようとしてしまいます。でも、それでは壁を乗り越えることができません。

そんなときは、できない自分を謙虚に認め、そんな自分としっかり向き合い、今の自分に足りない点を見つけ、そこを改善していく必要があります。自己肯定するだけでは、壁を乗り越えることはできません。

自己を肯定するなら、今の自分の力ややり方を肯定するのではなく、**絶えず不安を抱えつつ今の自分を乗り越えようともがき苦しむ自分の姿勢こそ肯定すべき**でしょう。

このようにイチロー選手や松井選手の言葉をみてくると、「自己肯定感には向上心が伴わなければいけない」ということ、「なかなか思うようにいかず、どうしたらよいかわからなくなる状況の中で、もがき苦しみながらも前に進もうとする経験が成長につながる」こと、そして、「そんなふうに頑張ることができる自分を感じることで自己肯定感の土台ができてくる」ということが、具体的にイメージできるようになるのではないでしょうか。

自分の現状を安易に肯定する心の状態にもっていこうとする自己肯定感信仰が、いかに真の自己肯定感の基盤づくりを阻害するものであるかがわかると思います。

### ◆野村克也に学ぶ自己肯定感の本質

「グチは、『不満』を表現するもの。ボヤキは、『理想と現実の差』を表現するもの。だから、ボヤキはネガティブなものではない。理想が高ければ高いほど、ボヤキの頻度が高くなる」

（『凡人を達人に変える77の心得』野村克也・バレーフィールド）

「ボヤくことは理想をしっかりと持っていることの証である」

（『野村の哲学ノート「なんとかなるわよ」』野村克也・ＫＫベストセラーズ）

これらはボヤキのノムさんとして知られるプロ野球の名監督、故野村克也氏の言葉です。現実に甘んじていたらボヤくことはしないけど、理想に近づいてほしいからボヤく。理想と現実との差にボヤくわけで、ボヤくのは理想を目指しているからこそ口をついて出るのだというのです。向上することを期待していなければ、ボヤくこともない、つまりボヤくのは期待していることの表れなのです。

これは自分自身のことではなく、自分が率いるチーム、あるいは自分が起用している選手のことですが、自己肯定していたら成長がない、より向上したいと思うなら現実の自己を肯定するのでなく乗り越えなければならない、という考え方に通じるものと言えます。

「私のことを『大胆不敵』で『怖いものなどない』男だと勘ぐる人がいる。大間違いだ。

私ほど気が小さい者はいないのではないかというくらいに小心者。そのうえ、超がつくほどのマイナス思考だ。
（中略）キャッチャーは誰よりも臆病にならざるをえない。危機管理こそが仕事であるからだ」

（『番狂わせの起こし方』野村克也・青春出版社）

「つねに最悪の状況を想定し、そういう事態に陥らないためにはどうすべきか、仮にそうなったときにはどうするかを考えておくとともに、失敗したり、敗北したりしたとしても、そこから学んで、次につなげる力（が大切だ）。
そして、この力はマイナス思考だからこそ、すなわち自分が弱いことを自覚し、受け入れているからこそ、身につけることができる」

（『なにもできない夫が、妻を亡くしたら』野村克也・PHP研究所）

最悪の事態を想定し、そうなったら大変だということで、そうならないために用意周到に準備する。これは、つぎの章で解説する不安の効用、できる人ほど不安が強い、ということにまさにあてはまる事例と言えます。

その意味でも、現在世の中に広まっているポジティブ思考信仰、自己肯定感信仰は、非常に危うい面をもつと言わざるを得ません。「これでいい」「きっと大丈夫」と楽観していたら、十分な準備を怠ったり、万一の事態が生じたときへの備えが不十分になったりする恐れがあります。

自己肯定感信仰の中で、ネガティブな気分にならないように失敗は気にしないといったアドバイスがなされたりしますが、それと真っ向から対立する考え方と言えます。

でも、イチロー選手や松井選手もそうでしたが、成功者と言われる人たちは、自分の現状のネガティブな面や失敗をしっかり直視し、そこを何とか克服しようともがき苦しむことで成功への道を手に入れているのです。自分の現状のネガティブな面や失敗から目を背けていたら、弱点を補強して成長していくことができません。

野村監督の場合も、イチロー選手や松井選手と同じく、自分は天才ではないから、不器用だから、才能がないから、人一倍努力しなければいけないという謙虚な姿勢と向上心がベースにあります。それが彼らの共通点と言ってよいでしょう。

私が野球好きということもあり、野球選手の言葉を取り上げましたが、どのスポーツでも、スポーツ以外の成功者でも同じです。

サッカーの日本代表チームで活躍し、海外に場を移しても活躍を続けた長友佑都選手も、自信がもてるようになったらパフォーマンスが良くなったと言いますが、イタリアでは危機感しかなかったし、それを経て自信がもてるようになったとのことです（テレビ朝日「報道ステーション」2021年10月11日、松岡修造氏によるインタビュー）。

そして、日本に戻ってきて、年齢が不安視されていることについても、「今までも批判をプラスに変えて成長してきた。すべてはピッチの上で見せられる」と前向きの姿勢を示します（朝日新聞2021年9月19日）。このままではダメだと危機感をもって必死にもがき苦しみながら力をつけていったからこそ自信がもてるようになったわけであり、なんの努力もなしに自己暗示で自己肯定感を高めればいいというようなものではありません。

### ◆自己肯定感が低くてもつかめたメダリストという栄冠

東京五輪の400＆200メートル個人メドレーで金メダルを獲り、競泳女子初の五輪2冠を達成した大橋悠依《おおはしゆい》選手は、本番まで1カ月を切ったある日、大学時代から師事する平井伯昌《ひらいのりまさ》コーチに「五輪に出ても決勝に残れません」と吐露《とろ》したと言います。

もともと「自己肯定感が低い」ということで、引退をほのめかす発言は一度や二度ではなく、五輪が近づき、不安が急速に膨らんでいったそうです。

平井コーチは「（本命の４００メートル個人メドレーに）チャレンジしない選択肢もあるよ」と言い、思いがけず逃げ道を用意されて大橋選手は一晩、じっくり考えた結果、やはり「五輪のメダルが欲しい」と思い、迷いが消えたそうです。それでも「金メダルを取れるとは一瞬も思わなかった」と言います。（読売新聞オンライン２０２１年7月26日）

けっして自分に自信満々で成し遂げた栄冠ではなかったのです。

## ◆失敗や反省に向き合える人の強さ

この章では、わかりやすい成功者の例としてトップアスリートを取り上げました。でも、スポーツ界の成功者に限らず、芸術の世界でも実業、学問の世界でも、世の中の成功者と言われるような人たちは、高い自己肯定感を手に入れようとして頑張ってきたわけではありません。

それぞれの世界で、さらに実力をつけようと必死に頑張り続けることで大きな成果を手に入れ、そのように努力を続けてこられたことを誇りに思い、その結果として高い自己肯定感が得られることになるわけです。

成長の途上で大切なのは、**自分の現状を乗り越えようとする姿勢であり、向上心であって、自己肯定感を追求することではありません。**

失敗した自分や思うような成果が出ない自分に目を向ければ、反省すべき点ばかりが出てきて、自己嫌悪に陥るかもしれません。それを避けるために、目を背けたくもなるでしょう。

ただし、ここで覚えておきたいのは、**反省している自分は反省されている自分をすでに超えている**ということです。

失敗を直視できない自分は失敗した自分を超えられずにいますが、**失敗を直視し反省する自分は失敗した自分をすでに超えている**のです。

それによって至らない点が修正されることで、人は成長していきます。そのような姿勢こそが真の自己肯定感を育んでいくのです。

# 第5章

# 「真の自己肯定感」はこうして育《はぐく》まれる

## ◆自己暗示で高められた自己肯定感の脆さ

本書の冒頭で自己肯定感を高めようといって、そのコツを伝授する類《たぐ》いの本が書店にたくさん並んでいることを紹介しました。それはつまり、自己肯定感をなんとしても高めないといけないと思い込まされている人が多いこと、しかも自分は自己肯定感が高くないのでなんとかしないといけないと思い込み、悩み苦しんでいる人が多いことを意味します。

その類いのノウハウの中には、「自分はできる」「自分はすごい」「自分はこのままでいい」「今のままの自分で十分だ」と自己暗示をかけようというようなものもあります。自己肯定できるように自己暗示をかけようというわけです。

たしかに自己暗示は有効かもしれません。でも、自己暗示で高められた自己肯定感というのは、上辺だけの張り子の自己肯定感にすぎません。なんの経験の裏づけもない自己肯定感では、いざというときに力になってくれません。逆境では、すぐに崩れてしまうような脆い自己肯定感になってしまうでしょう。

これまでの章でお伝えしてきたように、ほんとうに大事なのは、経験に裏打ちされ、地に足の着いた自己肯定感です。ゆえに、手っ取り早く自己肯定感を高めるためのノウハウに頼る限り、真の自己肯定感が高まることは望めません。

自己肯定感というのは、あくまでも地道な努力の結果として自然に身につくものであって、小手先のテクニックで手に入るようなものではないのです。

では、実際に自己肯定感を高めていくには、どうしたらよいのでしょうか。最終章では、大人にも子どもにもあてはまる、自然に自己肯定感が育まれ、熟成される仕組みについて考えてみましょう。

### ◆自己肯定感の向上につながる４つの要因

自己肯定感というのは、一種の自己評価なので、自己評価がどのようにつくられていくのかを知れば、自己肯定感につながるような経験にはどのようなものがあるかを知るヒントが得られます。

私は、専門書や論文の中で、自己評価の形成要因をつぎのように整理しています。

①他者から与えられた評価や評価的態度
②他者との比較
③実際の成功・失敗体験
④理想とする自己像との比較

自己肯定感に関して言えば、これらの自己評価要因が絡み合って自己肯定感が形成されていくのでしょう。

自分の中の誇らしい面、自信のある面は、かつて人から肯定的な評価を受けたことがあることが多いものです。その意味で、人から与えられた評価や評価的態度は、自己肯定感の形成に大いに影響すると言えます。

また、自分を評価するにあたって、人との比較というのは最もわかりやすい基準と言えます。周りの人と比べて優れていれば誇らしく思い、自己肯定感が高まります。

勉強でも、習い事でも、スポーツでも、趣味・遊びでも、うまくできれば誇らしい気持ちになり、自己肯定感が高まります。このように実際の成功・失敗体験も、自己肯定感の重要な形成要因になります。

認知能力が発達し、抽象的思考が発達してくる思春期頃になると、理想の自己像を思い描くようになります。そうなると、理想とする自己像と比べて、自分はまだまだだと思えば自己肯定感が低くなり、近づきつつあると思えば自己肯定感は高まります。

このように、他者から与えられた評価や評価的態度により周囲から受け入れられていると感じたり、他者との比較により人並みにやっていけると感じたり、実際の成功体験によりこの先もそれなりにうまくやっていけると感じたり、理想とする自己像との比較により自分なりにある程度納得できると感じたりするとき、自己肯定感が高まります。

実際に私たちが他者とのかかわりの中で自己を評価する際には、これらの基準が複合的に絡み合っていきます。

たとえば、他者から高く評価してもらえなくても、理想とする自己像に近づいていると感じれば自己肯定感は高まると考えられますが、他者による承認に依存している場合は、自己肯定感は低くなるでしょう。

周囲の人たちよりうまくできていると感じれば、自己肯定感は高まりますが、理想とする自己像の基準がさらに高ければ自己肯定感は高まらないでしょうし、他者からの期待もさらに高くて、なかなか認めてもらえない場合は自己肯定感が低くなると考えられます。

他者が認めてくれるかどうかは、自分ではどうにもならないところがあるので、他者による承認に振り回されていると、なかなか自己評価が落ち着きません。また、自分が成長しても、周囲の仲間がもっと成長したら、自分の頑張りを肯定しづらいかもしれません。

その意味では、実際に成功体験を得られるように知識や技術を身につけて頑張ったり、他者との比較でなく理想とする自己像との比較をもとに自分の理想に近づく努力をしたりすることが、とても大事なことと言えます。自己肯定感を追求するのではなく、自分自身の成長を目指すのです。

そんなふうに前向きに頑張っている自分を感じることで、自己肯定感は着実に高まっていくはずです。

## ◆親からの愛情と信頼を受けることで、自己肯定感の基盤が育まれる

人生は親のもとで始まります。私たち人間は、保護されないと生きていけない、まった

く無力の状態で生まれ、親のもとで生きる力をつけていきます。

ゆえに、親から愛情深く受容されて育つことが必要不可欠となります。何ができる、できないといったことに関係なく、わが子として受け入れられることが自己肯定感の基盤になります。

その際、必ずしもほめられることが愛情深く受け入れられていることを意味するわけではありません。

営業マンが取引先にお世辞のようなほめ言葉を連発するケースとは違うにしても、親や教師が子どもをほめる場合も、ほんとうにその子のことを心から思ってほめているのかを自分に問いかけてみる必要があるでしょう。

たとえば、言うことを聞いてほしくてほめるような場合は、自分の思うように操作したくてほめているわけで、営業用のお世辞とあまり変わりません。

近頃は、子どもに嫌われたくないから、厳しいことは言わずにほめているという親も少なくないようですが、それではほんとうに子どものためを思っているとは言えません。子どもの社会適応を促すために厳しいことを言わなければならない場面でも、嫌われたくない、気まずくなりたくないということで、ご機嫌を取るかのようにほめ言葉を発する。これでは子どもの社会適応は進まず、自己肯定感も高まりません。

相手のことを心から受け入れているかどうか、相手のためを心から思っているかどうかは、ほめるとかほめないとかいった次元を超えたもののはずです。言葉でどのように言うかなどは、表面的な問題にすぎません。

やさしい言葉をかけてもらえばうれしいし、厳しい言葉を投げかけられると気分が沈んだり反発したりする気持ちが湧いてくるでしょう。でも、そうした言葉そのものを超えた次元に、相手を受け入れるとか相手のためを思うといった心の構えがあるのです。

やさしい言葉をかけられて、そのときはうれしくても、嫌われたくないといった利己的な思いが透けてみえれば、自分のためを思ってくれているのではないと感じるものです。

子どもの側も、そうした言葉を超えた心の構えを感じ取る力をもっているものです。

厳しい言葉を投げかけられて、そのときは落ち込んだり反発したりしても、自分のためを思って言ってくれているのを感じられれば、やがて憎まれ役を買ってでも自分の社会適応力を鍛えようとしてくれる親の愛情に感謝する気持ちが湧いてきます。

そうした表面的な言葉を超えた次元で温かなまなざしを感じ取るとき、子どもは自己肯定感の基盤を身につけることができます。このような心の交流が自己肯定感を高めることにつながっていくのです。

その意味でも、親としては、ほめればいいといった態度を捨てて、子どもを温かく見守りつつ、子どもを信じて、現状に甘んじることを許さない厳しさを発揮すべきでしょう。それによって、向上心が刺激され、たえず今の自分を乗り越えようとする心の構えができていきます。

## ◆自己肯定感を高めるキーワードは向上心と好奇心

それは、逆境を乗り越える力にもなります。壁にぶち当たってもへこたれず、それを乗り越える経験が、自己肯定感につながっていきます。

厳しく鍛えられるという体験がないと、ストレス状況に対する抵抗力のない、ひ弱な人間になってしまいます。

ほめられているうちはいいけれども、何かミスをして叱られると落ち込んで、立ち直れなくなってしまう。うまくいっているうちはいいけれども、失敗すると気分が沈み、やる気を失ってしまう。それでは人生を前向きに歩んでいくことはできず、当然のことながら自己肯定感も高まりません。

人生に挫折はつきものです。頑張ってもどうにも力が及ばないことだってあります。自分ではうまくできたと思っても、人から認めてもらえないこともあります。

そこで大事なのは、打たれ強さを身につけることです。現実の壁にはじき返されても、落ち込んだりヤケになったりせずに頑張り続ける力がないと、なかなか思い通りにならない現実を前向きに生き抜くことはできません。

ほめられるばかりで逆境を生き抜く力を身につけていないと、現実の壁にぶち当たったとき、すぐにつぶされてしまいます。打たれ強さをもち、逆境にもめげずに前向きにものごとに取り組むことができれば、自分の力や向上心を実感することができ、ほんとうの意味での自己肯定感が得られるのです。

向上心の背後には好奇心旺盛な心があるものです。できないことができるようになりたい。わからないことがわかるようになりたい。もっと経験したい。もっと知りたい。そうした思いが向上心を刺激し、成長に導きます。そこで、小さい頃に好奇心を刺激すべく、いろいろな経験をさせてあげることが必要です。

そういう意味でも、親や教師としては、忍耐力をつけさせてあげ、さらに向上心や好奇心の芽を植えつけてあげることが大切でしょう。粘れる自分、頑張れる自分、好奇心旺盛な自分を感じることが、自己肯定感を高めることにつながっていくのです。

### ◆他人との関係性の中で揉まれることが重要

子どもにとっての社会適応とは、子ども同士の仲間集団への適応です。それが意外に難しいのです。

大人になると幼い頃のことはけっこう忘れてしまうため、子どもたちはメルヘンのようなほのぼのした世界を生きていると誤解しがちですが、実際は、子どもたちは壮絶なぶつかり合いの世界を生きているとも言えます。

大人は子どもと本気でおもちゃを奪い合うこともないし、一緒に遊ぶにしても何をするかで対立することもありません。それは、大人は子どもに合わせてくれるからです。

でも、子ども同士となると、相手は大人と違ってこちらに合わせてくれません。譲歩してくれずに、こちらと同じように自己主張してきます。

そんな子ども同士の世界で、自己主張がぶつかり合いケンカになったり、力ずくで譲歩させられたり、自分の思い通りにならなくて友だちが怒り出したり泣き出したりといったことを経験することで、やがて自分の衝動を抑えたり、友だちに譲歩したり、友だちをなだめたり、ケンカの仲裁をしたり、仲間と気持ちを通い合わせたりできるようになっていきます。それによって、周囲に適応している自分を感じることができるようになり、自己肯定感が高まっていきます。

ただし、今では一昔前のように近所で遊ぶ子どもたちの姿をめっきりみかけなくなりました。習い事の増加や治安の悪化により、子どもの遊び集団がほとんど消失したことも、自分が常に主人公になって遊べるゲームの普及と相まって、小学校での暴力事件の急増の原因になっているように思われます。友だち関係で揉まれて人間関係力を磨く場がなくなってしまったのです。

その意味では、子どもたちには、異年齢の子どもたちとの遊びも含めて、さまざまな関わりの場を提供する必要があります。

対人場面で、相手に応じて、その関係にふさわしい自分がごく自然に引き出されるようになることで、子どもたちの自己肯定感は高まっていきます。繰り返しお伝えしてきたように、自己肯定感は関係性の中で育まれていくものなのです。

抽象的思考ができるようになる思春期くらいからは、少し様相が変わります。この先、社会に出て行く自分のあり方を巡ってあれこれ悩んだり、同性や異性の友だち関係についてもいろいろ悩んだりするようになるため、一緒にただ遊ぶ友だちというよりも、なんでも率直に語り合える友だちを求めるようになります。

そのような親密に付き合える友だちができると、語り合う中で心の中のモヤモヤが晴れ、気持ちが安定し、現実の困難を乗り越えるべく頑張る気力が湧いてくるため、自己肯定感も高まっていくことになります。

## ◆衝撃の実験結果！「ポジティブ思考」でパフォーマンスが低下⁉

「成功している自分を思い描けばうまくいく」というようなポジティブ思考を推奨する

メッセージが世の中に氾濫しています。でも、ほんとうにそうでしょうか。だれもが成功したいわけだし、成功を思い描くことでうまくいくなら、みんなうまくいくはずです。でも実際は、いくら成功を思い描いたところでうまくいかないことが多いものです。

心理学者のエッティンゲンは、成功を思い描くことの効果を検討するために、減量プログラムに参加している肥満女性を対象とした実験を行っています。

プログラム開始前に、何キロ痩せたいか、成功する可能性はどのくらいあるかを尋ねました。そのあと短いシナリオを与え、それを完成させてもらいました。

減量プログラムを無事終えたところを想像してもらうシナリオもあれば、ダイエットのルールを破るように誘惑されるシナリオもありました。誘惑されるシナリオでは、たとえば皿に盛られたドーナツをみつけるというシナリオが与えられ、そのような場面で自分がどのような行動を取るかを想像するというものです。

その際、自分の空想がどれくらいポジティブまたはネガティブなものであるかも評価してもらいました。

そして、1年後に減っていた体重を調べてみると、とても興味深いことがわかりました。

それは、痩せることについて強いポジティブな想像をした人たち（たとえば、友人と出かけるスリムで魅力的な自分、ドーナツのそばを顔色ひとつ変えずに通りすぎる自分を思い描いた人たち）の方が、ついドーナツを食べてしまうといったネガティブな自分を想像した人たちより、減った体重が11キロも少なかったのです。

このような結果をもとに、エッティンゲンは、目標達成を夢みることは、目標の達成の助けになるどころか、むしろそれを阻害してしまう可能性があることを指摘し、ダイエットに成功した自分の姿をうっとり夢見た人たちは、減量のために行動する気力が湧かなかったのだと結論づけています。

これは、まさに次の項で解説する「不安の効用」を示す事例と言えます。つまり、ダイエットはなかなか難しい、よほどの意志をもって取り組まないとうまくいかないといった慎重な姿勢をもつ方が成功する可能性が高く、楽観しすぎると慎重な行動が妨げられ、うまくいきにくいということを示しています。

また、男子大学院生を対象にして、ポジティブに将来を夢みることの効果を検討する実験も行っています。

その実験では、はじめに、職をみつけられる可能性はどれくらいか、就職することはどれくらい重要かを尋ねました。

つぎに、就職に関するポジティブな空想を書き出してもらい、そのイメージがどれくらい頻繁に頭をよぎるかを答えてもらいました。

そして、2年後に追跡調査をしたところ、とても興味深い結果が得られました。ポジティブな空想を頻繁にしていた学生ほど成功していなかったのです。企業に送った応募書類が少なく、企業からの誘いもあまりなく、結局所得も低いという結果になっていました。

この結果を、エッティンゲンは、成功を夢みることで痛手を被ったのだと結論づけています。つまり、楽観することで気が緩み、積極的に応募するということをしなかった。その結果、企業からの誘いがたくさん得られることもなく、不安が強く必死になっている人と違って就職に必要な力をつけるための準備を怠りがちだったため、所得も低くなった、ということです。これも「不安の効用」に通じる事例と言えます。

さらに、エッティンゲンらは、ポジティブな空想がパフォーマンスを低下させるかどうかを検討する実験を行っています。

その実験では、まず大学生を2つのグループに分けました。第1グループの学生たちは、来週はやることなすことすべてが思い通りに展開すると想像するように言われました。一方、第2グループの学生たちは、来週についてのイメージをどんなことでもいいから想像するように言われました。

その後、自分がどれだけエネルギッシュだと感じるかを評価してもらい、さらに1週間後に、日常生活の問題にうまく対処できたかどうかについての質問に答えてもらいました。

その結果、ポジティブな空想をするように言われた第1グループの学生たちは、どんなことでもいいから想像するように言われた第2グループよりも、自覚するエネルギー水準が低いことがわかりました。

さらには、「自分はエネルギッシュだ」と感じていない学生ほど、その後の1週間に成し遂げたことが少ないこともわかりました。

つまり、ポジティブな空想をすることで、心のエネルギー水準が低下し、実際のパフォーマンスも低下したのです。

「リラックスしよう」とか「ポジティブに考えよう」「成功の夢をみよう」などといった

メッセージが世の中に溢れていますが、こうしてみると、それによってモチベーションやパフォーマンスが阻害されている面もあることに注意が必要です。

成功を思い描くというようなポジティブな空想は、それによって安心してしまい、気が緩み、モチベーションが低下するといったネガティブな効果をもつ可能性が高いと言えそうです。実際、うまくいくかどうか不安な方が必死になるということは、だれもが経験上、実感しているのではないでしょうか。

### ◆「不安」を上手に活用しよう

このように世間で推奨されるポジティブ思考には、その弊害もあることがわかっていただけたと思います。ポジティブ思考の弊害としては、あまりにポジティブになると、不安や緊張感が乏しく、ひと通り準備をしただけで「これで大丈夫」と思ってしまい、準備不足に陥りやすいということが挙げられます。

一方、不安や緊張感が強く、「これで大丈夫か?」「ほんとうにこれでいいのか?」「何か足りないことはないだろうか?」としつこく自分自身に問いかける人の方が、十分な準備ができます。それは前章のトップアスリートの言葉からもわかるでしょう。
「これで大丈夫か？」と不安になるから、いろいろ調べないと気が済まなくなる。いくら調べても、どんなに準備をしても、まだまだ足りない点があるような気がして落ち着かない。安心できない。そうした心理状態が、仕事であれ勉強であれ、今取り組んでいる課題への取り組みの質を高めることにつながる。そのように必死になることが能力開発にもつながる。それは、まさに不安の効用と言えます。

先のことを不安に思うだけでなく、済んでしまったことも、「あれでよかったか」「相手に嫌な感じを与えなかったか」「もっと工夫の余地があったのでは」などと反省的に振り返るため、改善点に気づくことができ、さらなる成長につながっていきます。

不安というのはもともと動物としての人間に備わった防衛本能によってもたらされるものです。「ここは緊張感をもって臨まないと危ない」といった状況で、人は不安になります。その不安のお陰で、危機的な状況に適切な対処ができるようになるのです。

もちろん、ポジティブになるのがすべて悪いということではありません。

失敗に落ち込んだときも、いつまでもクヨクヨせずに、気持ちを切り替えて前向きになることが大切なのは言うまでもありません。失敗したからといって「自分はなんて無能なんだ」と落ち込むより、「この失敗をつぎに生かそう」と思って改善すべき点をチェックする方が、自分の成長にとってプラスに働くでしょう。

やる前から「きっとダメだろう」と尻込みして諦めるより、「ダメだと決まったわけではない。やらずに諦めるより、やって失敗した方が後悔しない」といって思い切ってチャレンジする方が、うまくいく可能性は残されます。

ノルマ達成が不可能になってきた状況で、「もうダメだ、達成できるわけない」といってやる気をなくすより、「達成は無理だけど、やれるところまでやってみよう」とモチベーションを維持する方が、実績も上がるし実力もついていくことは間違いありません。

このように、ポジティブな心の構えを取ることのメリットはたくさんあります。何がなんでもポジティブになるのがよいといった勘違いが横行しているのが問題なのであり、少しでも前に進もう、成長していこうとする心構えを維持するには、不安を上手に活用することが大切なのです。

## ◆対人関係は不安が強い人の方がうまくいく

ポジティブな気分のときよりネガティブな気分のときの方が、対人場面で用心深く相手の気持ちを配慮し、礼儀正しく丁寧に関わるため、対人関係がうまくいきやすいということも実験で証明されています。

さらには、不安が相手の気持ちに対する共感能力と関係していることもわかっています。つまり、不安の強い人の方が人の気持ちがよくわかるのです。

心理学者チビ＝エルハナニたちは、対人不安と共感能力の関係を検討する調査と実験を行っています。その結果、対人不安の弱い人より強い人の方が、他者の気持ちに対する共感性が高く、相手の表情からその内面を推測する能力も高いことが証明されました。

不安が強いということは、用心深さに通じます。それが対人場面では、相手の心理状態に用心深く注意を払うといった心理傾向につながっていきます。そのため、相手の気持ちがよくわかり、適切な対応ができるというわけです。

それに対して、不安があまりないと用心深くならず、対人場面でも相手の心理状態に用心深く注意を払うということになりにくく、相手の気持ちに関係なく自分の都合で一方的に関わりやすいと言えます。

たとえば、不安の強い人は、人に何か言うときも、

「こんなことを言ったら、感じ悪いかもしれない」

「こういう言い方をしたら、気分を害するかもしれない」

「傷つけるようなことを言わないようにしなくては」

「うっかりすると誤解されかねないから、言い方に気をつけないと」

などと考え、言葉を慎重に選び、言い方にも気を使います。

一方、あまり不安のない人は、相手がどう受け止めるか、どんな気持ちになるかなどを気にせずに、思うことをストレートにぶつけるなど、ともすると無神経な言動をしてしまうため、相手の気分を害したり、傷つけたりして、人間関係をこじらせてしまいます。

不安な方が人とうまくいくことの背後には、この心理メカニズムが働いているのです。

## ◆仕事ができる人ほど不安が強い、もっともな理由

人生には、時に思いがけない事態が生じるものです。そんなとき、「想定外」だったか

ら仕方ないと自分自身に言い聞かせたり、人に言い訳したりしますが、ほんとうに「想定外」だから仕方がないことだったのでしょうか。

そこで考えなければならないのは、起こりうるあらゆる可能性に想像力を巡らせ、可能な限りの準備をしていたか、ということです。可能な限りの想像力を巡らせ、対処法を考えておくことで、「想定外」の混乱や失敗を避けることができるのです。

たとえば、新たに開発した製品や部品を一度テストして大丈夫だったからといって即、製品化するよりも、念には念を入れてさまざまな条件下でテストする方が、完成度の高い製品を出荷することができ、取引先や消費者の信頼を得ることができるでしょう。

大事な書類を部下が忘れてきたら大変だと思い、念のため自分でも常に持参し、部下がうっかり忘れてしまったときのフォローができたという人もいます。

相手方の人数が予想より多かったらどうしようと不安になり、急きょ多めにコピーして持参したため、実際に相手方の人数が多かったにもかかわらず配布資料が足りて、失礼がなく済んだという人もいます。

万一人身事故などで電車が停まってしまい、先方との打ち合わせの時間に遅れるようなことになったら大変だと思い、いつもかなり早めの時間に着けるように出かけているため、ちょっとしたトラブルが生じても遅刻することなく済んでいるという人もいます。

先方と「そんなことは言ってない」「こういうことだったはずだが」などといったトラブルにならないように、ミーティングのあとは必ず打ち合わせた事項を簡単にまとめ、確認メールを出すようにしているため、言った言わないのトラブルを免れている人もいます。

このように、不安をうまく生かすことによって「想定外」のトラブルを未然に防げるようにもなるのです。

ただし、どんなに用意周到に準備をしても、思いがけない問題が生じることがあります。いくら予測を立て、注意深く行動しても、「想定外」のトラブルが生じてしまうこともあります。そこで問われるのが、不測の事態への対応力です。

「大丈夫です。安心してください」「任せてください。完璧です」などと楽観視する部下ほどミスが多くて手がかかるというのはよく言われることです。不安が強くしょっちゅうアドバイスを求めてきたり確認に来たりする部下の方が安心して任せられたりしますが、ここにも不安の効用が関係しています。

先の実験結果でも明らかなように、「必ずうまくいく」と信じ込む不安のない人は、うまくいくものだと思い込んでいるばかりで、万一ダメだったときの対応策が十分に練られていません。そのために不測の事態への対応力に欠けるということになりがちです。

「失敗したらどうしよう」と不安になりやすい人は、万一ダメだったときのことも想定し、次善の策を考えたり、いざというときの代替《だいたい》案・代替物を用意しておいたりするため、不測の事態にもうまく対応できる可能性が高いのです。

仕事ができる人は不安が強いとよく言われますが、その理由はもう明らかだと思います。これからの展開をあれこれ考え、不安になり、その不安を打ち消すべくいろいろなケースをシミュレーションして、対応策を必死に考える。その結果、用意周到に本番に臨むことになるため、うまくいきやすいのです。

## ◆不安が強い日本人の特性を生かす

最近の研究では、私たちのもつ心理的性質の多くに遺伝要因が強く関係していることがわかっています。

たとえば、何かとクヨクヨ気に病んだりする神経症傾向には、遺伝要因が強く影響していることが、双生児を用いた行動遺伝学的研究により明らかにされています。

また、遺伝子に関する研究により、神経症傾向と神経伝達物質セロトニンのトランスポーター遺伝子との間に関連があることも示唆されています。

そして、日本人には、不安傾向の強さと関連するとみられるセロトニントランスポーター遺伝子の配列タイプをもつ人が非常に多いこともわかっています。

反対に、日本人には、新奇性を求める傾向（慣れないことへの不安があまりなく、むしろ目新しさを求める傾向）と関連するとされるドーパミン受容体遺伝子の配列をもつ人がほとんどいないこともわかっています。

こうしてみると、たえず自己肯定し、楽観的かつ積極的にみえる欧米人と違って、私たち日本人は何かと不安になりがちですが、それには遺伝的な基礎があるとみてよいようです。そうした心理傾向をもっていることが日本社会を生きるうえで有利であったからこそ、代々受け継がれてきたとも言えます。

日本人の不安傾向をネガティブな意味で指摘する人もいますが、不安になることがけっして悪いことではないのは、再三強調してきた通りです。

これまでにみてきたことからわかるように、日本人の仕事の着実さは、不安の強さがもたらしているといってもよいでしょう。

日本製品の信頼性の高さ。日本の電車の比類ない運行時間の正確さ。これらはまさに不安の強い性格によってもたらされているとみなせます。

ポジティブ信仰に惑わされ、不安を排除してしまうと、仕事が適当になり、手抜きが横行し、製品の質が低下してしまう恐れがあります。

「まあ、何とかなるだろう」と楽観視しすぎると、思いがけない事態への対処能力が低下し、電車の運行時間もいい加減になる恐れもあるでしょう。

今、私たちが生きているこの社会の信頼性が、じつは日本人特有の不安の強さによって支えられているといった面があることを知っておくべきでしょう。

ゆえに、自分の中にある不安を否定し、排除しようとするのではなく、不安の効用にもっと目を向け、その生かし方を考えていくべきです。

こうしてみると、今の自分をなかなか肯定し切れず、満足できず、まだまだ足りないところがあると考えがちな私たち日本人が、国際比較調査などで自己肯定感を測定すると、不安がなく楽観的で自分を押し出す文化をもつ国々の人たちと比べて、自己肯定感が低くなるのも当然だし、そのことをまったく気にする必要がないということが、あらためてわかるのではないでしょうか。

## ◆他人の評価に振り回されない自分軸のもち方

もうひとつ強調しておきたいのは、人に振り回されないように、自分の中に自己評価の軸をもつことです。

自分の中に評価軸がないと、人からの評価に一喜一憂することになります。ツイッターやインスタグラムに投稿し、「いいね！」の数を気にして落ち着かない人たちも、人からの評価に一喜一憂しているわけですが、それも自分の中に評価軸をもたないからです。

承認欲求が強い人ほどツイッターやインスタグラムをよく使うとか、承認欲求が強い人ほど「いいね！」の有無に気分が左右されやすいといった心理学の知見も、そのことを示しています。

「いいね！」がたくさんつくことで、あるいは、ほめて育てられることで、一時的にいい気分になっても、それで得られる自己肯定感は他人の評価によって揺れる不安定な自己肯定感にすぎません。ほめられれば気分がいい、ほめてもらえないと気分が落ち込むというように、他人の評価に依存しているうちは、安定的に自己肯定感が高まることはありません。

自分の中に評価軸をもつことができれば、周囲の評価に一喜一憂するなど他人に振り回されることがなくなり、安定した自分を保つことができます。

自分の中の評価基準としては、たとえば自分が向上心をもって動いているか、ということがあります。自己肯定感にとって向上心が重要な要素になることからしても、自分が向上心をもって何かに取り組んでいるかどうか、日々向上心をもって過ごしているかどうかは、重要な評価基準になります。

自分の成長が感じられるかどうかも、重要な評価基準と言えます。人との比較を基準にすると、自分の学力や仕事力がたとえ伸びていても、周囲の仲間やライバルの方がもっと伸びていたら、自己評価は低下してしまうでしょう。でも、１年前の自分と比べたり、前期の自分と比べたりして、成長が感じられれば、人がどうであっても、自分なりに納得できるはずです。

このように自分の中に自己評価軸をもつことで、他人の評価に振り回されることがなくなり、安定した自己肯定感が得られるようになるのです。

## ◆独立的自己観と相互依存的自己観の違い

繰り返しお伝えしてきたように、自己肯定感は、欧米では個人の能力や実績の問題が大きい一方、日本では人間関係の要因が強く絡んでいます。そもそも自己についてのとらえ方が、人が個と個に切り離されている欧米と、人が密接に結びついている日本とでは、対照的と言ってよいくらいに違っているのです。

これに関しては、心理学者のマーカスと北山忍が、アメリカをはじめとする西欧文化、とくに北米中流階級に典型的にみられる独立的自己観と、日本をはじめとする東洋文化に典型的にみられる相互依存的（相互協調的）自己観を対比しています。

独立的自己観によれば、個人の自己は、他者や状況といった社会的文脈から切り離され、その影響を受けない独立した存在とみなされます。したがって、自己は、能力、才能、パーソナリティ、動機など個人のもつ属性によって定義されます。

それに対して、相互依存的自己観によれば、個人の自己は、他者や状況といった社会的文脈と強く結びついており、その影響を強く受けるとみなされます。したがって、自己は、他者との関係性や状況の中で定義されます。

欧米の多くの研究は、成功したときに自分の能力によるものだとする自己高揚バイアスがみられ、また失敗したときは運や課題の難しさなど自分以外の要因のせいにする自己防衛バイアスがみられるとしていますが、日本では正反対になります。

日本人を対象とした研究では、欧米でみられる自己高揚的傾向や自己防衛的傾向はほぼみられず、むしろ自己批判的傾向が顕著にみられます。つまり、成功の原因としては、課題の容易さ、調子、運、人の助力といった要因が圧倒的に多く挙げられ、失敗の原因としては自分の努力不足を挙げる傾向が強くみられます。

第４章で取り上げた、故野村克也氏が監督時代によく口にしていたという「勝ちに不思議の勝ちあり、負けに不思議の負けなし」というのは、まさに日本人のメンタリティをついた言葉と言えるでしょう。

心理学者ヤマウチヒロッグは、一連の課題に取り組ませたあと、自分の成績が他の参加者たちの成績より良いというフィードバックを受ける場合と、悪いというフィードバックを受ける場合を設定しました。その際、自他の成績の原因を何のせいにするかをみると、自分の成功と他者の失敗は運や状況のせいにし、自分の失敗と他者の成功は能力や努力のせいにするというように、自己批判的・他者高揚的傾向がみられました。

これには謙遜を美徳とする日本的な美学が関係していると考えられます。似たような手法を用いた欧米の研究では、まったく逆のパターンを示します。

**◆自己肯定感に他者との関係性が強く入り込む日本**

精神医学者木村敏《びん》は、相手がだれであっても「ｙｏｕ」で済んでしまう英語について、徹底した自己中心主義であると指摘しています。相手がだれであるかは無視され、二人称代名詞で呼ばれる相手は、自己にとっての相手にすぎず、相手に即した相手その人ではありません。自分の目の前にいる他者から、その一切の個別性を奪って、それが自己に対立する相手であるという、自己本位の契機だけを抽象したものが、西洋の二人称代名詞であるというのです。

私は、自称詞が「I」だけで済む英語と違って、日本語では相手との関係性によって適切な自称詞が決まってくることを例示し、日本文化においてはだれといようと一定不変な自己などなく、具体的な場面設定によって、その場にふさわしい自己が形を取ってくるといった心理メカニズムの存在を指摘しました。

相手との関係性を考慮し、相手の気持ちまで思いやらないと言葉づかいも決められない日本語と、相手がだれであれ一定の言葉づかいで済ませられる欧米の言語の違いには、その言語を用いる人の心が映し出されているはずです。

このように自己のあり方もコミュニケーションのあり方も、他者との関係性に大いに依存しているところに日本的な人間関係の特徴があるといえます。そこで私は、欧米の文化を「自己中心の文化」、日本の文化を「間柄の文化」と名づけて対比させています。

自己中心の文化というのは、自分が思うことを思う存分主張すればよい、ある事柄をもち出すかどうか、ある行動を取るかどうかは自分の気持ちや意見を基準に判断すればよい、とする文化のことです。常に自分自身の気持ちや意見に従って判断することになります。

欧米の文化は、まさに自己中心の文化と言えます。そのような文化のもとで自己形成してきた欧米人の自己は、個として独立しており、他者から切り離されています。つまり、他者の影響を受けるのは未熟とみなされます。

一方、「間柄の文化」というのは、一方的な自己主張で人を困らせたり嫌な思いをさせたりしてはいけない、ある事柄をもち出すかどうか、ある行動を取るかどうかは相手の気持ちや立場に配慮して判断すべき、とする文化のことです。常に相手の気持ちや立場に配慮しながら判断することになります。

日本の文化は、まさに「間柄の文化」と言えます。そのような文化のもとで自己形成してきた日本人の自己は、何ごとに関しても自分だけを基準とするのではなく、他者の気持ちや立場に配慮して判断するのであり、個として閉じておらず、他者に対して開かれています。つまり、他者を気づかうことができない人は未熟とみなされます。

このように欧米と日本では自己のあり方もコミュニケーションのあり方も対照的といっていいほど違っているので、自己肯定感のあり方もまったく違ってくるのです。

前項で紹介した心理学の研究成果からも、欧米では「自分はすごい」「自分はこんなにできるんだ」とアピールすることで自己肯定感が高まるのに対して、日本では「自分はたいしたことない」「自分はまだまだだ」と謙虚に振る舞うことで社会に受け入れられ、適応感が得られることで自己肯定感が高まると考えられます。

さらに日本では、欧米のように個に閉じられた自己ではなく、他者に対して開かれた自己の感覚の中で自己肯定感が高まっていくとも考えられます。

つまり、日本人の場合は、人との関わりが重要であって、人とうまくやっていければ自己肯定感が高まるけれども、人とうまくやっていけないと、どんなに個人的にいい成果を上げたとしても、自己肯定感が低下してしまう恐れがあるというわけです。

じつは、個として他者から切り離されて生きているとされるアメリカ人でも、２０００年代になると、仲間として認めてもらえないと自己肯定感が低下することが指摘されたり、他者と良好な関係をもつことが自己肯定感を高めると言われ始めています。

ましてやお互いに依存し合い、支え合うことで自己を保つのが基本となっている私たち日本人の場合は、人とうまくやっていけることや、何でも語り合える親密な相手がいることが、自己肯定感を高めるうえでの大きな要素になるのです。

このように、自己中心の文化と間柄の文化では自己肯定感を左右する要因が大きく異なります。

## ◆日本人の自己肯定感向上に欠かせないものとは

間柄の文化で重要な要因となるのが人間関係でしたが、もうひとつあります。それは「使命感」です。私たち日本人にとっての自己肯定感には、使命感が強く関係してきます。

私たちは、「世のため、人のため」に役立つ人間になるようにといった文化的圧力、つまり期待を受けて育ち、間柄を大切にして生きています。そのため、自己中心の文化で生まれ育った人たちと違って、「自分は有能」「自分はすごい」というだけでは、心から自己を肯定することができません。それだけだと、利己的でいやらしい人間のような感じになり、間柄をうまく保つことができなくなってしまうのです。

そこで大切となるのが、自己を超えた何ものかのために献身することです。**だれかのために役に立っている自分、世の中のためになることに必死に取り組んでいる自分、そんな**

**自分を感じるとき、自然に自己肯定感が高まっていく**のです。

文化人類学者のベネディクトも、日本では利潤ばかり追求するのは誠意がないとみなされ、私利私欲のための行動は非難される、日本では誠意ある人物は利己的でないようだといった指摘をしていますが、私たちの心の深層には、そうした文化的伝統にもとづく感受性が刻まれています。そのため、自分が儲けるためとか出世するためといった利己的な動機で動くことには、後ろめたさがつきまといます。

反対に、人の役に立っているとか、必要とされていると感じたりすると、使命感が意識され、モチベーションが一気に高まります。まさに私たちは間柄を生きているのです。

このようにみてくると、私たち日本人が真に自己肯定感を高めるためには何が必要かが、はっきりとみえてくるのではないでしょうか。

# あとがき

どうでしょうか。自己肯定感信仰の呪縛から脱却できそうですか。

世の中に広まっている自己肯定感信仰のせいで、「自分は自己肯定感が低いからダメだ」と悲観する人や「何とかして自己肯定感を高めないと」と焦る人が巷に溢れています。「自己肯定感は高くないといけない」と思い込まされることで、多くの人が悩み、苦しんでいます。

でも、そんなことで苦しむ必要などないのです。本書の中でもいくつかの事例を示しました。類いまれな成功者として有名な人たちでさえも、自分の未熟さを感じ、自分の力不足を思い知らされ、不安の中でももがきながら成長してきたのです。

本書では、「自己肯定感は高くないといけない」とし、「こうすれば自己肯定感を高められる」といった自己暗示的なテクニックを推奨する風潮に対して疑問を突きつけ、そんなメッセージに振り回されていると、いつまでたっても自己肯定感は高まっていかないということを強調してきました。

まず第一に、「自己肯定感は高くないといけない」と思い込む必要などないことに気づくことが大切です。どの国際比較調査のデータをみても、欧米ではほとんどの人が非常に高い自己肯定感をもっているという結果が出ています。それに対して、私たち日本人の自己肯定感は著しく低くなります。「だから日本人も自己肯定感を高めないといけない」といった論調が世間に広まっていますが、本書ではそうした論調の誤りを指摘し、その理由を詳しく解説しました。

それをここで繰り返すことはしませんが、「欧米は進んでいる」「日本は遅れている」「だから日本も欧米流を取り入れるべきだ」といった思考パターンが冷静な判断力を奪い、欧米と日本の文化的背景を考慮することを忘れさせてしまうのです。そもそも、ハッタリを利かせてでも自信満々にみせないと適応していけない社会と、謙虚さを示さないと適応していけない社会では、自己のあり方が違って当然です。私たちは、無理に自分を肯定して、自信たっぷりにみせる必要などないのです。

第二に、「こうすれば自己肯定感を高められる」として自己肯定感を高めるテクニックが推奨されますが、そんなものに惑わされてはいけません。そうしたテクニックを推奨することの最もおかしな点は、自己肯定感を高めることが目的化していることです。

自己肯定感というのは、あくまでも日頃の生活実践の中で自然に高まっていくものであって、無理やり高めようとするようなものではありません。自己肯定感のことなど忘れて、何かに没頭することで、いつの間にか高まっている。そんな感じです。

それに付随して、「ほめれば自己肯定感が高まる」といった発想の誤りについても指摘しました。その理由については本文を参照いただきたいのですが、実際にほめて育てるやり方が広まってからも自己肯定感は一向に高まっていません。むしろ、自己肯定感の低さに悩む人が増えているように思われます。「自己肯定感を高めよう」「こうすれば自己肯定感が高まる」といった類いの本がよく読まれているのも、その証拠と言えます。

では、どうしたらよいのでしょうか。ここであらためて繰り返すことはしませんが、大事なのは、再三お伝えしてきたように、自己肯定感のことなど考えないようにすることです。自己肯定感を高めないと、といった意識は捨てることです。

そこで本書では、自己肯定感信仰から脱却する必要性を説いてきました。そのためには、目の前のことに集中することです。勉強でも、仕事でも、趣味でも、何かに没頭し、少しずつでも力をつけていくことが大切です。そんな自分を感じられるとき、自然に自己肯定感は高まっていきます。

自己肯定感信仰とも言うべき今の風潮に疑問をもち、なんとかしないといけないと思っていたところに、同じような思いを強くもつ青春出版社・プライム涌光編集部の中野和彦さんからこの企画を投げかけられ、その問題点について話し合う中で本書の構成が具体化していきました。本書が、自己肯定感を巡って悩み苦しむ人が気持ちを前向きに切り替えるきっかけになれば幸いです。

２０２１年10月

榎本博明

Implications for cognition, emotion, and motovation. Psychological Review, 98, 224-253.
マズロー , A.H.　小口忠彦訳（1971）. 人間性の心理学　産業能率大学出版部
松井秀喜（2007）. 不動心　新潮社
元永拓郎（2014）. 自己肯定感の育つ環境　児童心理 6 月号 , 33-40.
妙木浩之（2014）. 自己肯定感と自己愛　児童心理 6 月号 , 19-25.
新渡戸稲造　須知徳平訳（1998）. 武士道　講談社
野村克也（2013）. 凡人を達人に変える 77 の心得　バレーフィールド
野村克也（2018）. 野村の哲学ノート「なんとかなるわよ」 KK ベストセラーズ
野村克也（2018）. 番狂わせの起こし方　青春出版社
野村克也（2018）. なにもできない夫が、妻を亡くしたら　PHP 研究所
エッティンゲン , G.　大田直子訳（2015）. 成功するにはポジティブ思考を捨てなさい　講談社
ポルトマン , A.　高木正孝訳（1961）. 人間はどこまで動物か　岩波新書
Rosenberg, M.（1965）. Society and the adolescent self-image. Princeton, NJ : Princeton University Press.
塩澤雄一（2010）. 日常のほめ方と叱り方を見直す　児童心理3月号 , 67-72.
Smith, L.L., & Elliott, C.H.（2001）. Hollow Kids : Recapturing the soul of a generation lost to the self-esteem myth. New York : Random House.
田中道弘（2002）. 自尊感情の測定に関する視点から（2） 日本社会心理学会第 43 回大会発表論文集 , 878-879.
田中道弘（2005）. 自己肯定感尺度の作成と項目の検討　人間科学論究 , 13, 15-27.
田中道弘（2008）. 自尊感情における社会性、自尊感情形成に際しての基準　下斗米淳編　自己心理学6　社会心理学へのアプローチ　金子書房所収
Tibi-Elhanany, Y., & Shamay-Tsoory, S.G.（2011）. Social cognition in social anxiety : First evidence for increased ampathic sbikities. The Israel Journal of Psychiatry and Related Sciences. 48, 98-106.
恒吉僚子（1992）. 人間形成の日米比較　中公新書
トウェンギ , G., & キャンベル , W.　桃井緑美子訳（2011）. 自己愛過剰社会　河出書房新社
ヴァリニャーノ , A.　松田毅一他訳（1973）. 日本巡察記　東洋文庫　平凡社
Yamaguchi, S., et al.（2007）. Apparent Universality of positive implicit self-esteem. Psychological Science, 18, 498-500.
Yamauchi, H.（1988）. Effects of actor's and observer's roles on causal attributions by Japanese subjects for success and failure in competitive situations. Psychological Reports, 63, 619-626.

## 参考文献


ベネディクト, R. 福井七子訳（1997）. 日本人の行動パターン　NHKブックス

Crocker, J., & Park, L.E.（2004）. The costly pursuit of self-esteem. Psychological Bulletin, 130, 392-414.

Deci, E.L., & Ryan, R.M.（1995）. Human autonomy. The basis for true self-esteem. In Kernis, M.H.（Ed.）, Efficacy, agency, and self-esteem. New York : Plenum Press, pp.31-49.

榎本博明（1998）.「自己」の心理学　サイエンス社

榎本博明（2002）. 自尊感情を巡って　日本社会心理学会第43回大会発表論文集, 878-879.

榎本博明（2010）. 子どもの「自己肯定感」のもつ意味　児童心理3月号, 1-10.

榎本博明（2016）. ネガティブ思考力　幻冬舎

榎本博明（2017）.「間柄の文化」という概念をめぐる考察　自己心理学, 7, 23-41.

榎本博明他（2001）. 自尊感情に関する概念的検討　大阪大学教育学年報, 6, 141-150.

榎本博明・松田信樹（2002）. 自尊感情研究の新しい展開に向けて　日本発達心理学会第13回大会発表論文集, S141.

榎本博明・田中道弘（2006）. 自尊感情測定尺度の現状と課題, 人間学研究, 4, 41-51.

フェルドマン, O.（1995）社会的自尊心尺度の研究　社会学ジャーナル, 20, 46-64.

Harter, S.（2006）. Where do we go from here? In M.H. Kernis（Ed.）, Self-esteem : Issues and answers. New York and Hove : Psychology Press, pp.439-441.

林知己夫（1996）. 日本らしさの構造　東洋経済新報社

Heine, S., Lehman, D.R., Markus, H.R., & Kitayama, S.（1999）. Is there a universal need for positive self-regard? Psychological Revuew, 106, 766-794.

星野命（1970）. 感情の心理と教育（2）　児童心理, 24, 1445-1477.

古荘純一（2010）. 日本の子どもの自尊感情の低さをどう考えるか　児童心理3月号, 34-40.

ヤコービ, M. 高石浩一訳（2003）. 恥と自尊心　新曜社

木村敏（1972）. 人と人との間　弘文堂

児玉光雄（2016）. イチロー流　準備の極意　青春出版社

児玉光雄（2009）. この一言が人生を変えるイチロー思考　三笠書房

Kruger, J., & Dunning, D.（1999）. Unskilled and unaware of it: How difficulties in recognizing one's own incompetence lead to inflated self-assessments. Journal of Personality and Social Psychology, 77（6）, 1121-1134.

Markus, H.R., & Kitayama, S.（1991）. Culture and the self :

# 青春新書 INTELLIGENCE

こころ涌き立つ「知」の冒険

## いまを生きる

〝青春新書〟は昭和三一年に――若い日に常にあなたの心の友として、その糧となり実になる多様な知恵が、生きる指標として勇気と力になり、すぐに役立つ――をモットーに創刊された。

そして昭和三八年、新しい時代の気運の中で、新書〝プレイブックス〟にその役目のバトンを渡した。「人生を自由自在に活動《プレイ》する」のキャッチコピーのもと――すべてのうっ積を吹きとばし、自由闊達な活動力を培養し、勇気と自信を生み出す最も楽しいシリーズ――となった。

いまや、私たちはバブル経済崩壊後の混沌とした価値観のただ中にいる。その価値観は常に未曾有の変貌を見せ、社会は少子高齢化し、地球規模の環境問題等は解決の兆しを見せない。私たちはあらゆる不安と懐疑に対峙している。

本シリーズ〝青春新書インテリジェンス〟はまさに、この時代の欲求によってプレイブックスから分化・刊行された。それは即ち、「心の中に自らの青春の輝きを失わない旺盛な知力、活力への欲求」に他ならない。応えるべきキャッチコピーは「こころ涌き立つ〝知〟の冒険」である。

予測のつかない時代にあって、一人ひとりの足元を照らし出すシリーズでありたいと願う。青春出版社は本年創業五〇周年を迎えた。これはひとえに長年に亘る多くの読者の熱いご支持の賜物である。社員一同深く感謝し、より一層世の中に希望と勇気の明るい光を放つ書籍を出版すべく、鋭意志すものである。

平成一七年

刊行者　小澤源太郎

著者紹介


榎本博明〈えのもと・ひろあき〉

心理学博士。1955年東京生まれ。東京大学教育心理学科卒。東芝市場調査課勤務の後、東京都立大学大学院心理学専攻博士課程で学ぶ。カリフォルニア大学客員研究員、大阪大学大学院助教授等を経て、現在、MP人間科学研究所代表。心理学をベースにした企業研修、教育講演を行っている。おもな著書に『「正論バカ」が職場をダメにする』『その「英語」が子どもをダメにする』(青春新書インテリジェンス)、『伸びる子どもは○○がすごい』『「上から目線」の構造』(日経プレミアシリーズ)、『「対人不安」って何だろう？』(ちくまプリマー新書)などがある。



自己肯定感《じここうていかん》という呪縛《じゅばく》

青春新書
INTELLIGENCE

2021年12月15日　第1刷

著者　榎《えの》本《もと》博《ひろ》明《あき》

発行者　小澤源太郎

責任編集　株式会社プライム涌光

電話　編集部　03(3203)2850

発行所　東京都新宿区若松町12番1号 〒162-0056　株式会社青春出版社

電話　営業部　03(3207)1916　振替番号　00190-7-98602

印刷・中央精版印刷　製本・ナショナル製本

ISBN978-4-413-04639-8